N.-D. DE LORETTE

LE QUARTIER

LA PAROISSE - L'ÉGLISE

Par M. l'abbé E. DUPLESSY

Vicaire à N.-D. de Lorette.

PARIS

P. LETHIELLEUX, LIBRAIRE-ÉDITEUR

10, rue Cassette, 10

NOTRE-DAME DE LORETTE

ÉGLISE NOTRE-DAME DE LORETTE (PARIS)

NOTRE-DAME
DE LORETTE

LE QUARTIER, LA PAROISSE, L'ÉGLISE

Par l'Abbé E. DUPLESSY

VICAIRE A N.-D. DE LORETTE

PARIS

P. LETHIELLEUX, LIBRAIRE-ÉDITEUR

10, RUE CASSETTE, 10

1894

A MONSIEUR L'ABBÉ CAILLEBOTTE

CURÉ DE NOTRE-DAME DE LORETTE

Monsieur le Curé,

Les deux années qui vont venir ramèneront, pour votre église paroissiale, de grands anniversaires. En 1894, il y aura six cents ans que la maison de la Vierge a illustré l'humble bourgade de Lorette, en s'y fixant d'une manière miraculeuse. En 1895, il y aura deux siècles et demi, un quart de mille ans, que la piété de l'Archevêque et des fidèles a érigé, sur le territoire parisien, une chapelle à Notre-Dame de Lorette, au lieu même où s'élève aujourd'hui l'église qui vous est confiée.

J'ai cru que ces circonstances jetteraient un peu

d'intérêt sur les pages qui vont suivre. Veuillez, Monsieur le Curé, en accepter la dédicace. Votre nom, inscrit en tête de ce livre, montrera en quelle union de cœur et d'action votre clergé veut rester avec vous : c'est un devoir pour lui, mais un devoir que vous savez lui rendre bien facile ! Jugum suave est, et onus leve.

1er octobre 1893,

En la solénnité du Rosaire.

PREMIÈRE PARTIE

HISTOIRE DE LA PAROISSE

CHAPITRE PREMIER

AVANT LA RÉVOLUTION. — LA CHAPELLE DE SECOURS

ARTICLE PREMIER

ORIGINE DU QUARTIER

La paroisse Notre-Dame de Lorette n'a pas toujours eu les limites qui la resserrent aujourd'hui, depuis l'érection de l'église dédiée à la Sainte-Trinité. Il importe, avant de remonter dans le passé, de déterminer le territoire actuellement occupé par cette paroisse. Dans ce but, ami lecteur, nous ferons ensemble, si vous le voulez bien, le petit voyage que voici.

Plaçons-nous à l'intersection du faubourg, du

boulevard et de la rue Montmartre, à ce point bien connu des Parisiens sous le nom de « carrefour des écrasés, » et pénétrons dans le faubourg.

Bientôt s'ouvre à notre droite la rue Cadet : remontons-la, ainsi que la rue Rochechouart qui en est la suite : nous arriverons ainsi au boulevard extérieur. De là, et inclinant à gauche, nous suivrons, jusqu'à la place Pigalle, les boulevards percés sur l'emplacement de l'ancien mur d'octroi; puis, nous redescendrons par les rues Frochot et Bréda jusqu'à la rue Notre-Dame de Lorette.

Ici, la ligne qui limite la paroisse devient idéale et pénètre dans un pâté de maisons : elle longe l'ancien hôtel de M. Thiers, de manière à enfermer celui-ci dans la paroisse et à laisser en dehors toute la rue La Bruyère, et vient aboutir à la rue d'Aumale, entre les maisons n°s 16 et 18, cette dernière appartenant à la paroisse de la Trinité. De là, pour achever notre voyage, nous n'avons plus qu'à suivre la rue Taitbout et les boulevards des Italiens et Montmartre, jusqu'à notre point de départ.

Le territoire que nous avons circonscrit dans cet itinéraire renferme 69 rues ou portions de rues,—1800 maisons, à ne compter que celles qui bordent les voies publiques, — et plus de 45,000 habitants. C'est la paroisse Notre-Dame de Lorette.

Comment s'est formée cette paroisse ? Quelles sont les origines du quartier, des rues, de l'église et de son vocable ? Pour répondre, même brièvement, à ces questions, il faut remonter de deux siècles et demi en arrière, jusqu'aux dernières années du règne de Louis XIII.

Qu'était le quartier à cette époque ? Il est facile de le savoir, grâce aux plans de Paris datés du XVIIe siècle et parvenus jusqu'à nous. Sans doute, le territoire dont nous nous occupons ne faisait pas alors partie de la capitale, mais néanmoins les topographes parisiens avaient à cœur de faire figurer sur leurs plans la colline de Montmartre : « en sa faveur, ils reculaient du côté du nord les limites de leurs cartes, ou plutôt ils sacrifiaient les proportions réelles de l'espace, afin de l'insérer dans leur cadre trop étroit[1]. »

Nous savons donc assez exactement ce qu'était notre paroisse à la fin du règne de Louis XIII ; et vous en aurez une idée suffisante, en faisant ce travail d'imagination[2].

---

1. A. Bonnardot, *Etudes archéologiques sur les anciens plans de Paris*, p. 3, 1851.
2. Voir, p. 13, le plan du quartier au XVIIe siècle.

Supprimez d'abord, par la pensée, les maisons qui aujourd'hui couvrent de toutes parts le sol de la paroisse : à leur place, représentez-vous des champs et des marais cultivés, avec quelques moulins sur le versant de la colline. A travers cette surface verdoyante, tracez deux grandes voies allant, l'une, du sud au nord, l'autre, de l'est à l'ouest, et se croisant à l'endroit même où s'élève l'église actuelle [1].

La première de ces deux routes changeait de nom sur son parcours : c'était d'abord le faubourg de Montmartre, puis la rue des Martyrs, dénominations qui subsistent encore aujourd'hui. C'était le chemin suivi depuis de nombreux siècles par les Parisiens lorsqu'ils allaient à Montmartre, vénérer les lieux où leur premier évêque et ses compagnons avaient répandu leur sang, pour donner à leur prédication un dernier et éloquent témoignage.

La deuxième voie, perpendiculaire à celle dont nous venons de parler, avait aussi sa raison d'être. C'était, sous des titres différents, la même qui porte aujourd'hui les noms de Saint-Lazare

---

1. Aujourd'hui encore, l'église est située au point d'intersection des quatre quartiers du IXe arrondissement, et les quartiers eux-mêmes sont limités, sauf au midi de l'église, par les grandes artères dont nous parlons en ce moment.

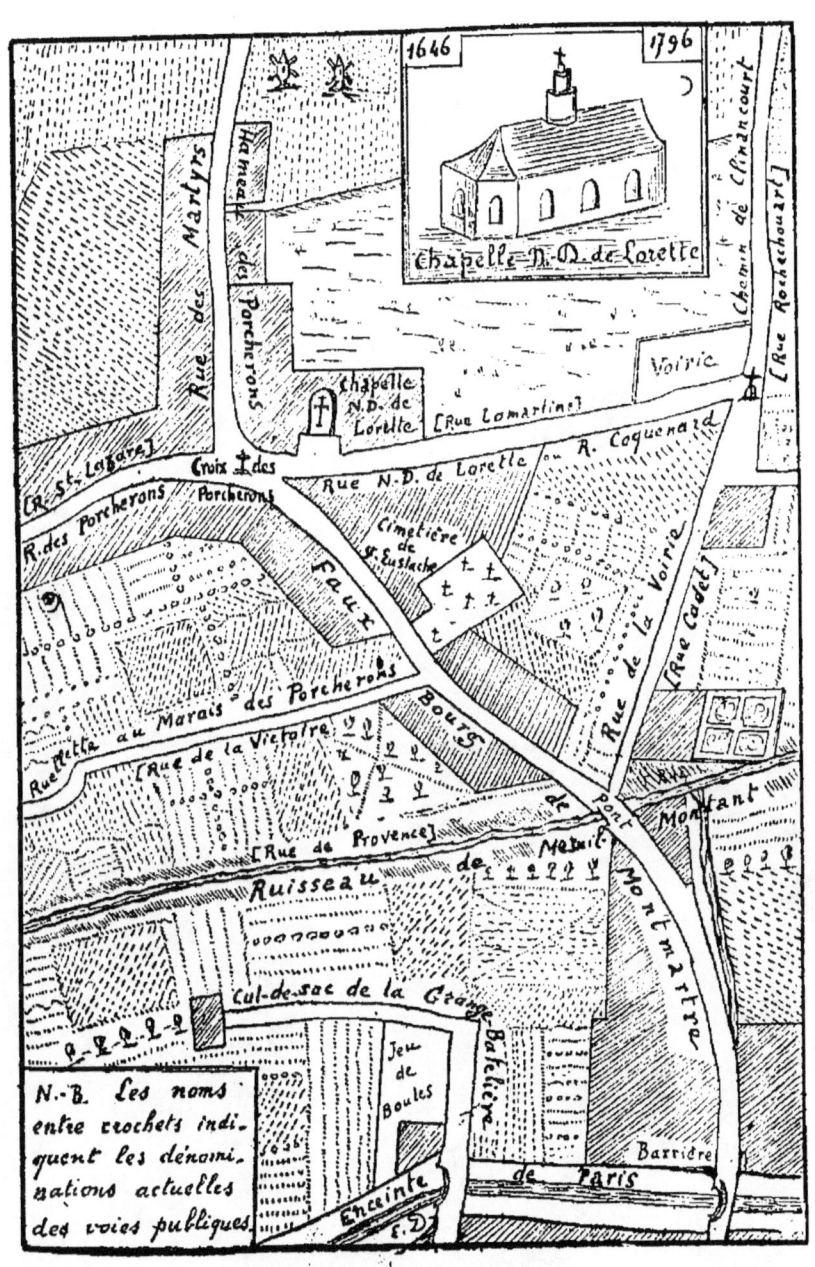

LE QUARTIER AU XVIIᵉ SIÈCLE

et de Lamartine. Au nord de cette route, le territoire relevait de la paroisse de Montmartre ; au sud, de Saint-Eustache. Montmartre avait creusé un fossé pour séparer son bien de celui de ses voisins, et c'est ce fossé qui, comblé, donna naissance à la rue.

La partie occidentale de cette voie ne portait pas encore, sous Louis XIII, le nom de Saint-Lazare[1] : on l'appelait le chemin des Porcherons, parce qu'il conduisait au hameau de ce nom. Quant à la partie orientale, à laquelle a été donnée en 1848 la dénomination de *rue Lamartine*, elle avait déjà, il y a deux cent cinquante ans, le nom que les vieux habitants du quartier se rappellent encore lui avoir vu porter : c'était la *rue Coquenard,* c'est-à-dire la rue des Cuisines. En effet, immédiatement au-dessus de cette rue, et bordant la rue des Martyrs, s'étageaient de petites auberges, de modestes cabarets formant le hameau des Porcherons[2]. C'était là que le peuple de Paris se rendait le dimanche, dans l'intention de se réjouir, de respirer un air plus pur que celui de la ville, et de boire un vin qui lui coûtait

---

1. La rue a reçu ce nom en 1770 : il lui a été donné à cause de sa direction vers la maison de Saint-Lazare.
2. Il en reste encore deux formant le n° 22 de la rue des Martyrs, et destinées à bientôt disparaître.

moins cher, puisqu'il n'avait pas à payer les droits d'octroi. Le *Bœuf rouge,* le *Lion d'argent* et autres guinguettes servaient, à bon compte, à boire et à manger aux Parisiens en rupture de barrière. La rue des Cuisines, ou rue Coquenard, était donc bien nommée, et le peuple, par allusion aux plaisirs qu'il y venait chercher, l'appelait aussi volontiers rue Goguenard : c'est sous ce nom que la désigne toujours l'abbé Lebeuf, le grave et consciencieux historien du diocèse de Paris.

Nous avons bien peu à ajouter pour avoir donné la topographie complète de la paroisse au commencement du XVIIe siècle. Dans le bas du quartier, une impasse conduisait du boulevard à une ferme relevant de l'archevêché de Paris, et connue depuis le XIIIe siècle sous le nom de Grange-Batelière. Un peu plus haut, un cours d'eau traversait le quartier dans toute sa largeur ; il jouissait du nom poétique de ruisseau de Ménilmontant : il en venait en effet. En réalité, c'était un égout, recevant sur son parcours des eaux de toute nature, qu'il allait déverser dans la Seine au delà de Chaillot. La direction de ce ruisseau est exactement indiquée par le parcours actuel de la rue de Provence.

Plus haut encore, et parallèlement à cet égout,

courait, dans la direction de l'est à l'ouest, un sentier si étroit qu'on n'osait même pas l'appeler ruelle : c'était la *ruellette* au Marais des Porcherons. Elle devait plus tard gagner en largeur et en dignité, et s'appeler rue Chantereine, puis rue de la Victoire.

Sur le terrain ainsi dessiné, groupez çà et là quelques maisons, les unes autour de la Grange-Batelière[1], les autres, en plus grand nombre, aux Porcherons, c'est-à-dire au bas de la rue des Martyrs, — et vous aurez une idée assez précise de ce qu'était notre paroisse au commencement du XVIIe siècle.

1. Il serait plus correct d'écrire *Grange-Bataillère*. En effet, ce lieu servait primitivement de rendez-vous aux seigneurs qui voulaient se livrer *bataille*, soit dans des joûtes, soit en combat singulier.

ARTICLE II

FONDATION DE LA CHAPELLE N.-D. DE LORETTE

A cette époque, nous l'avons dit, le quartier dépendait, au nord, de la paroisse de Montmartre, et au midi, de celle de Saint-Eustache : d'un côté comme de l'autre, il fallait faire un assez long trajet pour se rendre à l'église. Aussi les habitants des Porcherons formèrent-ils le dessein d'avoir une chapelle de secours, un *aide*, comme on disait alors, pour y recevoir, en cas de nécessité, « les sacrements et autres consolations spirituelles[1]. » Ils introduisirent à cet effet une requête auprès de Jean François de Gondi, premier archevêque de Paris. C'était au commencement du règne de Louis XIV.

---

1. J.-B. de Saint-Victor, *Tableau historique et pittoresque de Paris*. 1822.

Les curés de Montmartre et de Saint-Eustache furent consultés, et sur leur avis favorable, M. Du Saussay, official du diocèse, accorda, le 5 août 1645, l'autorisation demandée. La sentence porte que la chapelle sera érigée sous l'invocation de Notre-Dame de Lorette, et que « le chapelain de ladite chapelle sera mis et déposé par le sieur Curé de Montmartre. » Officiellement, en effet, le nouvel oratoire devait dépendre de Montmartre, sur le territoire duquel il allait être élevé, — quoique en fait, il dût servir à la fois aux paroissiens de Montmartre et de Saint-Eustache.

La permission obtenue, on se mit vite à l'œuvre. Le 2 octobre 1645, un habitant des Porcherons, Beaudin, fait don d'un terrain de cinquante toises et d'une somme de six cents livres [1]. Sur ce terrain et avec cet argent les travaux sont commencés, et en quelques mois la chapelle est construite : peu solidement d'ailleurs, car depuis lors jusqu'à la révolution, les comptes de la fabrique font mention de réparations incessantes, sans compter les agrandissements successifs.

Les plans de Paris nous permettent de fixer

---

1. Rappelons, une fois pour toutes, que la *livre* d'alors valait à peu près un *franc* de notre monnaie. Nous emploierons plus souvent ce dernier terme, avec lequel le lecteur est plus familiarisé.

avec précision l'emplacement de cette chapelle. La maison n° 54 de la rue Lamartine est en retrait sur l'alignement de la rue, marquant ainsi la place du petit parvis qui précédait le nouvel oratoire. A l'intérieur de la maison s'étend une cour bordée plus loin de quelques constructions : c'est l'emplacement de la chapelle. La rue, nous l'avons dit, s'appelait jadis rue Coquenard : la chapelle donna son nom à la voie, qui porta dès lors jusqu'à la révolution, c'est-à-dire pendant un siècle et demi, le nom de rue Notre-Dame de Lorette.

En moins d'un an, les constructions furent assez avancées pour que la chapelle pût être livrée au culte divin. La bénédiction solennelle en fut faite le lundi de la Pentecôte, 21 mai 1646[1]. Il y aura donc bientôt deux cent cinquante années, un quart de mille ans, que l'on prie Dieu ici et

---

1. Malgré les contradictions de quelques auteurs, cette date doit être regardée comme indubitable. Il est certain en effet : 1° que la bénédiction a eu lieu entre le 5 août 1645, date d'autorisation de la chapelle, et le 13 juillet 1646, date d'érection de la confrérie ; — 2° que la chapelle a été bénite un lundi de Pentecôte : dans les vieux registres conservés aux Archives nationales, ce jour est mentionné plusieurs fois comme anniversaire de la bénédiction ; « l'office, qui est très solennelle, est chantée par le sieur curé de Montmartre qui officie. » Du rapprochement de ces diverses dates il résulte que la chapelle n'a pu être bénite que le lundi de la Pentecôte 1646.

qu'on y honore Marie sous l'invocation de Notre-Dame de Lorette.

Et maintenant, pourquoi ce vocable? Il semble avoir été donné à la chapelle sur la demande même des habitants des Porcherons [1]. Comme il est devenu celui de la paroisse et de la nouvelle église, il nous paraît utile d'en rappeler brièvement l'origine et la signification.

---

1. Il existait, dans les dépendances de l'abbaye de Montmartre, une chapelle de Notre-Dame de Lorette où l'on venait en pèlerinage. Ce vocable était donc bien connu des habitants des Porcherons, et l'on s'explique qu'ils aient désiré le voir imposer à leur nouvelle chapelle.

ARTICLE III

LA TRANSLATION DE LA SAINTE MAISON DE LORETTE

L'humble maison de Nazareth où le Verbe s'est fait chair, où s'est écoulée sa jeunesse, d'où il est parti pour prêcher l'Évangile, ne pouvait rester indifférente à la piété des chrétiens. Aussi, dès l'origine du christianisme jusqu'au treizième siècle, la voyons-nous sans cesse visitée et honorée par les pèlerins qui s'y rendaient de toutes parts. En 1252, saint Louis eut le bonheur d'y communier, le jour même de l'Annonciation. Mais quelques années plus tard, la Palestine retombait tout entière et définitivement sous la domination musulmane, et le sultan Bibars Bondokhdor détruisait la basilique, que la piété chrétienne avait élevée comme un reliquaire tout autour de la sainte demeure. La maison elle-

MADONE DE LORETTE (ITALIE)

même était en danger, lorsque Dieu intervint pour la sauver.

Le 10 mai 1291, au lever de l'aurore, les habitants de Tersacte, en Dalmatie, aperçurent avec étonnement, dans le voisinage de la ville, un édifice qui la veille encore n'y était certainement pas. La surprise redoubla, quand on put constater, en s'approchant, que la maison avait été posée sur la terre nue, sans fondation aucune. Quel était ce mystère ? et d'où venait cet édifice miraculeux ? On le sut bientôt : « Les Dalmates voient accourir Alexandre, leur évêque ; il était mourant et le voilà debout ; il leur annonce que la mère de Dieu lui est apparue. Elle a affirmé que cette maison est la sienne ; là elle est née, là elle a grandi, là elle a reçu la visite de l'ange, là s'est opéré le mystère de l'Incarnation ; là les apôtres, après sa mort, ont célébré la messe ; et en preuve de la vérité de sa parole, elle lui a rendu la santé et les forces à ce point qu'il a pu gravir le sentier de la colline et venir sans fatigue leur annoncer la grande nouvelle [1]. »

Le gouverneur de Tersacte, Frangipane, ne se contenta pas de ces preuves. Quatre commissaires furent envoyés à Nazareth, pour y vérifier

---

1. M. l'abbé Caron, *Semaine religieuse de Paris*, 23 mai 1885.

la disparition du sanctuaire, et, par l'examen des fondations, son identité avec celui de Dalmatie. Puis, comme pour mieux faire éclater la vérité du miracle, Dieu le répéta encore trois fois. Pendant la nuit du 10 décembre 1294 [1], la sainte maison fut transportée de l'autre côté de l'Adriatique, dans une forêt de lauriers qui devait lui donner son nom de *Lorette*. Cette seconde translation eut des témoins oculaires : « plusieurs habitants de la contrée aperçurent une vive lumière sur la mer, du côté de l'Orient, et bientôt distinguèrent une maison soutenue miraculeusement dans les airs, qui vint se placer au milieu de la forêt [2]. »

Quatre mois plus tard, la sainte demeure était transportée de la forêt sur une colline voisine, contiguë au grand chemin de Recanati. Enfin, le 1er décembre 1295, elle fut placée, une centaine de mètres plus loin, à l'endroit où elle est encore aujourd'hui, sur la route de Recanati au rivage de l'Adriatique. Une basilique a été construite

---

1. C'est le 10 décembre que l'on célèbre, en beaucoup de diocèses, la fête de la Translation de la sainte maison de Lorette. Ce jour-là on peut gagner une indulgence plénière à Notre-Dame de Lorette à Paris, par suite de l'affiliation de cette église à celle d'Italie.
2. *Dictionnaire apologétique,* au mot *Lorette*. Lire tout cet article.

BASILIQUE DE LORETTE (ITALIE)

autour de la *Sancta casa,* et sa beauté la rend digne du joyau qu'elle enchâsse.

L'Église n'exige pas la foi de ses enfants à cette quadruple translation, mais il n'est pas de fait qui soit historiquement mieux établi. Les témoignages parvenus jusqu'à nous, et dont plusieurs sont contemporains de l'événement, — les nombreuses vérifications faites à Nazareth et dans les divers lieux favorisés de la présence du saint édifice, — les monuments élevés en ces endroits à la mémoire du miracle, — l'autorité de quarante-cinq papes, de Benoît XII à Léon XIII, — les démonstrations faites et refaites par les plus savants archéologues, — tout proclame la vérité historique de cet événement miraculeux. Laissons donc aux incrédules le soin de rééditer les faciles plaisanteries de Voltaire; quant à nous, qui savons que rien n'est impossible à Dieu, inclinons-nous devant tant de témoignages, et redisons avec un grand écrivain catholique: « L'Église nous laisse sur ce point liberté complète; nous pouvons douter, mais il nous est doux de croire. Oui, cela non seulement nous est doux, mais encore cela nous est aisé. Il ne nous vient pas à l'esprit que Dieu veuille tromper notre piété et notre amour. S'il n'avait point ordonné à ses anges d'apporter au cœur du monde catholique cette maison, qui fut le théâtre du premier mystère de notre salut, il aurait su en faire disparaître la trompeuse image ; et autant il lui serait aisé d'anéantir un vain simulacre, autant sans doute il lui a été facile de donner à notre vénération ces pierres saintes, du moment qu'il entrait dans ses impénétrables desseins d'abandonner aux infidèles le sol autrefois béni qui les avait d'abord portées. Ou la terre s'est créée elle-même, et gravite par sa seule force et sa seule vertu dans l'orbe immense des espaces ; — ou Celui qui créa la terre et qui la soutient ainsi à sa place parmi les mondes, a bien pu transporter en un instant, du fond de la Judée au milieu de l'Europe, l'humble édifice où la Vierge-Mère fit sa demeure, et où le nouvel Adam fut conçu dans un sein immaculé[1]. »

Tels sont les souvenirs qui s'attachent à la sainte maison de Lorette ; tels sont les événements dont nos pères ont voulu perpétuer la mémoire au milieu de nous, à Paris même, en y élevant, sous le vocable de Notre-Dame de Lorette, l'humble chapelle qui devait être comme

---

1. L. Veuillot, *Rome et Lorette*, chap. LI.

CHAPELLE NOTRE-DAME DE LORETTE, A ISSY
détruite par la Commune, en 1871

la première pierre du temple que nous admirons aujourd'hui[1]. Idée assurément chrétienne, et que louait ainsi un pieux auteur : « Une église à ériger à la Vierge, à Notre-Dame... Sa *sainte maison* à lui transporter en France... Mais sait-on tout ce que renferme une telle pensée ? Assurément elle est féconde, elle saisit l'âme... Oui, je le répète, m'adressant à vous tous, qui que vous soyez, qu'enflamme l'amour du beau, une église à la Vierge, à Notre-Dame, à Notre-Dame de Lorette, c'est une heureuse idée en tous pays. C'est là le cas, pour qui l'a conçue, de dire : « Mon cœur a proféré une bonne parole. *Eructavit cor meum verbum bonum*[2]. »

---

1. Quelques années plus tard, M. de Bretonvilliers, supérieur de Saint-Sulpice, faisait élever à Issy, au milieu du parc du Séminaire, une chapelle de Lorette, reproduisant la *sancta casa*. Cet édifice, dont nous donnons une vue p. 31, a été détruit sous la Commune de Paris, et réédifié depuis sur un plan analogue.

2. Psaume XLIV. *Notre-Dame de Lorette en France*. Paris, 1838, p. 9-10.

ARTICLE IV

LA CONFRÉRIE DE NOTRE-DAME DE LORETTE

La chapelle était à peine ouverte au culte, que les habitants des Porcherons s'adressèrent de nouveau à l'Archevêque de Paris : ils demandaient, cette fois, l'autorisation d'établir une Confrérie. Sans doute ils voulaient, par ce moyen, créer un lien d'affection entre eux et la nouvelle chapelle, et lui assurer des ressources, un personnel et une direction. Les curés de Montmartre et de Saint-Eustache furent de nouveau consultés et se montrèrent favorables à cette deuxième demande, mais sous certaines réserves : il importait, en effet, de ne pas laisser oublier aux habitants des Porcherons le chemin de leur paroisse respective. On voit les traces de cette préoccupation dans l'ordonnance d'érection de la Confrérie, ordonnance qui fut rendue le 13 juillet 1646, et dont un vieil historien de Paris[1] nous a conservé le texte copié par lui sur les registres de l'Archevêché. Elle est ainsi conçue :

Jean-François de Gondy, par la grace de Dieu et du saint Siege Apostolique, Archevêque de Paris, Conseiller du Roy en ses Conseils, Commandeur de ses Ordres, et Grand Maistre de la Chapelle de Sa Majesté, à tous ceux qui ces presentes Lettres verront : Salut en Nostre Seigneur.

Vûe la Requeste à Nous presentée par les Habitans des Porcherons, des Paroisses Saint-Eustache et de Montmartre; par laquelle ils Nous remontrent que ci-devant Nous leur aurions permis de faire construire une Chapelle sous l'invocation de Notre-Dame de Lorrette, dans le détroit[2] de ladite Paroisse de Montmartre, pour y recevoir les Sacremens en cas de necessité, et autres assistances et consolations spirituelles ; en laquelle Chapelle ils desireroient avoir une Confrairie sous le titre et invocation de Notre-

---

1. Sauval, *Histoire et recherches des antiquités de la ville de Paris*, 1724, t. III, p. 203.
2. District.

Dame de Lorrette, dont la Fête échet le jour de la Nativité de la Vierge, et y faire le même jour et les autres Fêtes de la Vierge, le Service solemnel à haute voix, même la Messe d'icelle tous les Dimanches de l'année. Vûe la declaration des Curés de Saint-Eustache et de Montmartre, par laquelle ils consentent ladite Confrairie être instituée dans ladite Chapelle, à la charge que les Confrères ne pourront faire chanter la Messe à haute voix sinon les jours et Fêtes de la Nativité de la Vierge et autres Fêtes de la Vierge seulement; qu'on n'y fera point d'eau benite; qu'il ne sera point offert de pain beni que lesdits jours. Nous leur permettons de s'assembler les Fêtes de la Vierge en ladite Chapelle selon la declaration desdits Curés.

Donné à Paris le treizième Juillet 1646.

Ainsi érigée [1], la Confrérie commença sans retard à fonctionner. Voici quelle était son organisation:

A sa tête se trouvait le curé de Montmartre, sur la paroisse duquel était érigée la chapelle de la Confrérie. Il officiait aux grandes solennités,

---

1. En 1647, la Confrérie fut enrichie d'indulgences par une bulle du pape Innocent X.

présidait le conseil de la fabrique, et sur tous les actes son nom figure avec cette mention : « curé de l'église et paroisse de Montmartre, et, en cette qualité, premier et perpétuel administrateur de ladite chapelle. »

Venait ensuite le chapelain de la Confrérie, nommé par le curé de Montmartre et révocable par lui. Il résidait aux Porcherons, y disait la messe tous les jours et faisait les divers offices autorisés par l'Archevêque de Paris.

Quant aux membres de la Confrérie, ils furent d'abord choisis, presque exclusivement, parmi les aubergistes des Porcherons, et leur association portait le nom usuel de Confrérie des Cabaretiers [1]. Ainsi pouvait-on voir, le jour de la Purification, tous les garçons d'auberge présenter le pain bénit et aller à l'offrande un cierge à la main [2]. Peu à peu, cependant, la Confrérie ouvrit plus largement ses portes, et si, au XVIII° siècle, nous voyons encore, parmi ses directeurs annuels, Pierre Buteux, marchand de vin (1772), Michel

---

1. Lefeuve, *Les anciennes maisons de Paris*, 1873, t. V, p. 469.
2. Hurtaut et Magny, *Dictionnaire historique de la ville de Paris et de ses environs*, 1779. Aujourd'hui encore, Notre-Dame de Lorette est, parmi les églises de Paris, une de celles où l'usage du cierge de la Chandeleur est resté le plus en honneur auprès des paroissiens.

Paris, marchand de vin (1774), nous y voyons aussi François Belon, boulanger (1773), Louis Jouvey, jardinier (1775), Lelong, gravatier (1776), et Beauvalet, loueur de carrosses (1778)[1].

On le voit par ce que nous venons de dire, les confrères nommaient pour chaque année un directeur laïque, chargé d'administrer les biens temporels de la Confrérie, de régler les dépenses et de percevoir les recettes. Au début, celles-ci étaient peu importantes, et les frais considérables. Il fallut d'abord payer la construction de la chapelle, qui n'avait pas coûté moins de quatre mille livres : fort heureusement, pour éteindre cette dette, l'Archevêque de Paris permit aux confrères, le 12 avril 1670, de faire une quête dans toute la capitale.

Mais d'autres dépenses s'imposaient encore : on fut obligé, dès 1678, d'agrandir la chapelle

---

[1]. Ces renseignements et un grand nombre de ceux qui vont suivre sont extraits des registres et papiers de la Confrérie, réunis, ou plutôt dispersés aux Archives nationales, sous les cotes suivantes : H, 3801, 4291-4293, Comptes de la fabrique ; L, 691, Fondations, contrats de rente ; LL, 871, Délibérations de la fabrique ; 872, Locations de bancs ; 873, Inventaires des titres ; 874, Inventaires des ornements et du mobilier ; Q, 1152, Titres de propriété, comptes ; S, 3468, *idem*. Rendons ici hommage à la courtoisie et à l'érudition de M. Le Grand et des autres archivistes qui ont bien voulu nous guider dans nos recherches.

devenue insuffisante, au moyen de deux oratoires communiquant avec elle et dédiés, l'un à la Passion, l'autre à saint Claude. Il fallait de plus pourvoir aux frais du culte : honoraires du chapelain, salaire des employés, etc.

Fort heureusement, des fondations furent faites en faveur de la Confrérie, des biens fonciers lui furent légués, et si quelques-uns ne rapportaient pas grand'chose, témoin cette terre d'Aubervilliers louée cent sous [1] par an, d'autres étaient la source de revenus plus considérables : c'est ainsi qu'une maison sise rue des Porcherons [2], n° 16, et léguée à la fabrique vers la fin du XVII° siècle, lui rapportait, en 1688, soixante-quinze francs, et douze ans plus tard, trois cents francs de revenu annuel.

D'ailleurs les dépenses, pour être nombreuses, n'étaient pas excessives. L'aide de chœur (sacristain), avait pour toute rétribution cinquante francs par an ; — le suisse, quatre-vingt francs ; — le porte-verge (bedeau), deux cents francs, et sa belle robe, rouge et violette, n'avait coûté que quarante-huit francs. Les deux chantres se contentaient de cent francs et d'un costume bien

1. Le sou était la vingtième partie de la livre, et valait à peu près cinq centimes de notre monnaie.
2. Rue Saint-Lazare.

modeste, s'il faut en croire l'inventaire des effets de l'église, qui leur attribue « sept surplis, dont six presque usés, et un mauvais[1]. »

Les autres dépenses étaient à l'avenant : le chauffage coûtait six francs par an ; — pour avoir « bouché plusieurs trous au clocher, » l'entrepreneur reçut seize sous, — et l'Archevêque de Paris étant venu visiter la chapelle, le conseil de la Confrérie vota au clergé, pour couvrir les frais occasionnés par cette visite, une indemnité extraordinaire de neuf francs !

Combien de fois fallait-il multiplier des chiffres aussi minimes en eux-mêmes, pour arriver à un budget de quatre à cinq mille livres de dépenses, et autant de recettes ! Aussi, on peut l'affirmer, la direction temporelle de la Confrérie n'était pas une sinécure. Quand venait le 8 septembre, le nouvel administrateur était sans doute heureux d'entrer en charge et de recevoir, à cette occasion, un bouquet de fleurs et une brioche de pain bénit. Mais il s'apercevait bientôt qu'il avait accepté une fonction aussi lourde qu'honorable : les affaires se multipliaient, lui prenant une notable partie de son temps, et il lui fallait, pour l'aider

---

[1]. Un autre inventaire leur est plus favorable ; il mentionne « trois surplis pour les chantres, à l'un desquels il y a de la dentelle au jabot. »

à prendre patience, le sentiment qu'il travaillait
à une œuvre bonne et agréable à Dieu. En remettant à son successeur le registre des comptes, un
directeur y laisse le témoignage écrit de sa pensée intime : « Jean Baudin a sorti de sa charge
en 1729, le 8ᵉ septembre. Grâce à Dieu. » Et un
autre est plus explicite encore : « J'ai accepté la
charge de Nostre-Dame de Lorette avec un grand
zèle, mais Dieu mercy, je suis content. »

Est-ce aussi par lassitude qu'un jour un administrateur, le sieur Le Roux, disparut sans rien
dire, et qu'il fallut entamer une procédure contre
« ledit sieur Le Roux, lequel s'est en allé dans
l'année de sa comptabilité, sans rendre aucun
compte? »

Au point de vue spirituel, nous savons, par
l'ordonnance de Mᵍʳ de Gondy rapportée plus haut,
dans quelles limites devait être renfermé l'exercice du culte à Notre-Dame de Lorette. Cette ordonnance fut rigoureusement observée jusque
dans les premières années du XVIIIᵉ siècle;
d'ailleurs, le peu d'importance du quartier jusqu'à cette époque n'exigeait pas que l'on fît davantage. Nous avons sous les yeux un plan de
Paris, daté de 1714[1], et indiquant le nombre des

1. Par Lacaille.

maisons et des lanternes pour chaque rue de la ville et des faubourgs. Nous y relevons les indications suivantes :

« Rue des Porcherons : maisons, 87 ; lanternes, 4.

« Rue et faubourg Montmartre réunis : maisons, 83 [1] ; lanternes, 27.

« Rue N.-D. de Lorette ou Coquenard : maisons, 0 ; lanternes, 0.

« La Grange-Batelière : maisons, 2 ; lanternes, 0 ».

Et c'était tout, ou à peu près.

Mais à partir de cette époque, et sous l'impulsion d'un mouvement qui devait s'accentuer pendant tout un siècle, des rues sont tracées dans tous les sens, des maisons s'élèvent, et de somptueux hôtels se dressent à la place même où jadis on cultivait les plantes potagères. Dès la fin du règne de Louis XIV, le petit chemin de la Voirie s'élargit aux dépens de terrains appartenant aux sieurs Cadet, « qui, pour passer à la postérité, n'avaient jamais eu d'autres titres que leurs titres de propriété[2]. » — Sous Louis XV, une ruelle prend d'une enseigne de marchand le titre de ruelle Saint-

---

[1]. Le plus grand nombre de ces maisons appartenait à la rue Montmartre, comprise dans l'enceinte de la capitale.

[2]. Lefeuve, *Les anciennes maisons de Paris*, 1873, t. II, p. 223.

Georges ; deux abbesses de Montmartre donnent leur nom aux rues de Rochechouart et de la Tour-d'Auvergne, et le roi lui-même désigne du nom de ses petits-fils deux voies nouvelles : la rue d'Artois, aujourd'hui rue Laffitte, et la rue de Provence qui recouvre le ruisseau-égout de Ménilmontant. — Sous Louis XVI, enfin, s'ouvrent encore des voies nouvelles qui reçoivent les noms de plusieurs magistrats de la capitale : Le Peletier, prévôt des marchands, Chauchat et Buffault[1], échevins, et Taitbout, greffier du bureau de la ville.

Avec cette augmentation de rues, de maisons et d'habitants, le service organisé à l'époque de la fondation de la chapelle ne pouvait évidemment plus suffire. Aussi, avec la tolérance et sous les yeux bienveillants du curé de Montmartre, le chapelain Lefebvre, dès le commencement du XVIIIe siècle, introduisit dans la chapelle « le service solennel à haute voix toutes les fêtes et les dimanches de l'année, l'eau bénite, le pain à bénir, l'usage même d'y enterrer les morts, le sermon, le prône qu'il faisait régulièrement tous les di-

---

1. La femme de Buffault était modiste rue Saint-Honoré : elle avait eu pour apprentie une jeune fille qui devait devenir la fameuse comtesse Dubarry.

manches; enfin tous les autres offices qu'on célèbre dans les paroisses; une procession du Saint-Sacrement le dimanche dans l'Octave de la Fête-Dieu[1]. »

Cette procession se faisait avec une pompe extraordinaire pour l'époque, et le budget annuel en subissait les conséquences. Les ornements étaient prêtés par la paroisse Notre-Dame de Bonne-Nouvelle. Il ne fallait pas moins de six hommes pour porter le grand dais rouge, dont le ciel était un tableau représentant la descente du Saint-Esprit. Trois suisses supplémentaires, un détachement de grenadiers, la musique de la garde, un fifre, un hautbois : tout ce personnel figurait annuellement aux comptes de la fabrique, et il coûtait cher, tant en honoraires qu'en *supplément* :

« Rafraîchissement des grenadiers..., suisses et autres, 61 livres 10 sous. »

Sans compter les dépenses imprévues, telles que celle-ci :

« A un tambour, pour sa caisse crevée, 3 livres. »

Mais la Confrérie ne regrettait pas l'argent dépensé pour cette solennité : on y venait de tout

---

1. Hurtaut et Magny, *Dictionnaire historique de la ville de Paris et de ses environs*, 1779.

Paris, et le passage du Saint-Sacrement au milieu de la foule, ordinairement bruyante en cet endroit, mais ce jour-là recueillie et agenouillée, était salué par les confrères comme une bénédiction et une purification.

La foule accourait également au feu de la Saint-Jean. Au point de vue pécuniaire, cette solennité coûtait moins cher à la fabrique : « un arbre, vingt-quatre sous ; rafraîchissement des soldats chargés de contenir le public, six francs ; » — et c'était tout.

La chapelle avait encore d'autres *bons jours*, c'est ainsi qu'elle appelait ses fêtes : — la Nativité de Marie, fête patronale de la Confrérie ; — la Chandeleur, dont nous avons déjà parlé ; — la Conception, l'Annonciation, l'Assomption ; — Noël, avec sa messe de minuit chantée en vertu d'une permission spéciale, — et enfin la fête de sainte Cécile, en l'honneur de laquelle une société s'était formée aux Porcherons.

Tels étaient les faits principaux de l'année liturgique, dans la chapelle Notre-Dame de Lorette. Ce n'est pas sans dessein que, pour en donner un aperçu, nous avons choisi les traits les plus singuliers en apparence. Les rites catholiques étaient il y a deux siècles ce qu'ils sont de nos jours, et ce n'est que par de petits détails, pris dans les alentours du culte, que l'on peut donner une idée des différences purement accidentelles entre les usages d'alors et ceux d'aujourd'hui.

Nous voudrions, en terminant ce sujet, donner une courte description de l'édifice où s'est abritée, pendant cent cinquante ans, la dévotion à Notre-Dame de Lorette. Malheureusement, les *Guides de Paris* étaient rares au XVIII° siècle, et ils ne font même pas mention de l'humble chapelle. Seul, un précurseur de Bædeker la nomme et c'est pour dire : « Cette chapelle n'a rien de remarquable[1]. »

A en juger par la vue extérieure que nous en donnons d'après un vieux plan de Paris[2], ce n'était qu'une petite église de village, et la chapelle qui sert de paroisse provisoire à la Maison-Blanche en donnerait une idée aussi exacte que peu avantageuse. Le petit clocher qui la surmontait et que dominait une croix avec son coq, renfermait deux cloches, dont l'une, *Marie-Christophe,* avait pour parrain Mgr Christophe de Beaumont, archevêque de Paris, et pour mar-

---

1. Thiéry, *Guide des amateurs et des étrangers voyageurs à Paris*, 1787.
2. Voir le cartouche du plan, page 13.

raine « illustre dame Madame l'Abbesse de Montmartre. »

Une porte principale et deux petites portes latérales donnaient accès dans l'église.

Le grand autel, privilégié, était surmonté d'une statue de la Vierge avec l'Enfant Jésus ; selon la mode du temps, la Mère et l'Enfant étaient revêtus de robes d'étoffe blanche, et un voile de dentelles, plus ou moins riche selon les différentes solennités, retombait sur les épaules de la Vierge.

Des deux côtés de cette statue, de grands tableaux représentaient la Naissance du Sauveur et l'Adoration des Mages. Partout, dans la chapelle, d'autres tableaux suspendus aux murailles: on en comptait dix-huit dans la nef et onze dans les chapelles latérales. Joignez à cela trois stalles de chaque côté du chœur, un orgue,[1] deux confessionnaux, une chaire, un banc d'œuvre pour les directeurs de la confrérie, d'autres bancs fermés à clé et loués par des particuliers[2], et, do-

---

1. « Cet orgue est aujourd'hui à l'église Saint-Pierre de Montmartre. » Viollet-le-Duc, *Les églises de Paris*, dans *Paris-guide*, 1867, t. I, p. 737.

2. En 1744, les bancs furent remplacés par des chaises. Celles-ci furent mises en adjudication et affermées pour 610 francs par an au sieur Duchemin, valet de pied de feu Mgr le Dauphin. L'année d'après, l'adjudicataire se plaignit d'avoir pris une

minant le tout, un lustre de verre : vous aurez une idée suffisante de notre ancienne chapelle, et vous direz comme l'écrivain que nous citions tout à l'heure : « elle n'avait rien de remarquable ! »

Tout près de l'église, et communiquant avec elle, s'élevait un presbytère, bâti entre deux jardins, et servant d'habitation à l'aumônier de la Confrérie. Le serviteur n'était pas mieux logé que le Maître. Nous avons sous les yeux un inventaire « contenant les meubles donnés à Monsieur Lefebvre, chapelain de ladite chapelle, pour en rendre un bon et fidèle compte au jour de sa sortie. » L'inventaire n'est pas long ! Pour n'en citer qu'un exemple, le chapitre de la *vaisselle* se compose de quatre plats, six assiettes, six cuillers, six fourchettes, deux coquetiers, une salière, un pot à l'eau, *le tout d'étain fin !* Quant aux deux jardins, voici les richesses qu'ils renferment :

« Dans le petit jardin, deux jeunes pommiers. Dans le grand jardin, un puits, deux abricotiers,

---

charge trop lourde, et son bail fut réduit à 450 francs par an. Or, — et ce fait donnera une idée du rapide accroissement du quartier à cette époque, — quarante ans plus tard, en 1785, le fermier des chaises donnait à la fabrique 1500 francs par an, et il ne se plaignait pas !

un amandier, un mûrier, deux pêchers, deux pruniers, et plusieurs autres jeunes arbrisseaux de nul rapport et de petite valeur. »

Espérons qu' « au jour de sa sortie » Monsieur Lefebvre a pu rendre ces arbrisseaux en meilleur rapport et en plus grande valeur !

ARTICLE V

LA RÉVOLUTION. — DESTRUCTION DE LA CHAPELLE

Nous ne voulons pas, à propos de la modeste chapelle Notre-Dame de Lorette, refaire ici l'histoire de la Révolution. Il nous suffira de dire quel contre-coup les événements d'alors exercèrent sur l'humble édifice.

Par la Constitution civile du Clergé, promulguée en 1790, le pouvoir séculier s'était arrogé le droit de légiférer sur les affaires de l'âme et de la conscience. Ces prétentions sacrilèges ne restèrent pas à l'état de lettre morte. Non seulement le diocèse de Paris vit son territoire notablement amoindri sans l'autorité du Pape, non seulement l'archevêque légitime fut illégalement déposé et remplacé par un intrus, mais encore la municipalité de Paris prétendit remanier, de concert avec cet évêque schismatique, la circonscription des paroisses de la capitale : les unes furent supprimées, les autres démembrées, d'autres enfin créées de toutes pièces : de ce nombre fut Notre-Dame de Lorette.

Ce décret usurpateur, et nul de plein droit, eut malheureusement pour complices des membres du clergé, qui comprirent mal leur devoir ou n'eurent pas la force de le remplir. La chapelle Notre-Dame de Lorette fut témoin de ces tristesses. M. Castellan, curé de Montmartre, prêta le serment schismatique et, contraint de choisir entre Montmartre et Notre-Dame de Lorette, opta pour cette dernière paroisse et s'y installa en qualité de curé. Le sieur Lapipe, chapelain de la confrérie, prêta serment, lui aussi, à la Constitution civile, et reçut le titre de premier vicaire[1].

L'œuvre de la Révolution n'était pas encore achevée. La Terreur ne put longtemps supporter la vue de ce culte, même abâtardi, et comme tant d'autres églises, Notre-Dame de Lorette fut fermée en 1793. Le 3 messidor an IV, 21 juin 1796, elle était vendue comme propriété nationale, et bientôt après elle tombait sous la pioche des dé-

---

1. M. Castellan rétracta plus tard le serment sacrilège. Nous ne savons si M. Lapipe suivit cet exemple.

molisseurs. « Il n'en reste plus, dit un auteur en 1822, que la façade à demi ruinée, et son intérieur forme maintenant un cul-de-sac où l'on a construit des baraques [1]. »

Ainsi finit, après une durée exacte d'un siècle et demi, le modeste édifice dédié à Notre-Dame de Lorette, humble précurseur du temple magnifique qu'allait élever à la Reine du ciel la France rentrée en possession d'elle-même.

---

[1]. J.-B. de Saint-Victor, *Tableau historique et pittoresque de Paris.*

CHAPITRE II

APRÈS LA RÉVOLUTION. — LA PAROISSE

ARTICLE PREMIER

MONSIEUR MAREST, PREMIER CURÉ
(1802-1820)

Le Concordat. — Création de la paroisse. — Nomination de M. Marest. — La chapelle Saint-Jean. — Le prince Murat, président du conseil de fabrique. — Démarches pour l'agrandissement de l'église. — Difficultés diverses. — Démission de M. Marest.

En 1801, le Concordat vint enfin mettre un terme à la tourmente révolutionnaire et rendre la vie à l'Église de France. Il fallut tout d'abord, sur les bases de cet acte fondamental, réorganiser les diocèses et les paroisses. De même que le Pape avait fait table rase des anciens diocèses pour en créer de nouveaux, de même l'Archevêque de Paris, Mgr de Belloy, dut rayer d'un trait de plume l'ancienne division paroissiale et en organiser une nouvelle, d'accord en cela avec l'autorité civile. Il y pourvut au moyen de deux ordonnances, qui se succédèrent à quelques mois d'intervalle.

Le premier de ces deux actes est daté du 17 floréal an X, 7 mai 1802. L'Archevêque y désigne, pour chaque arrondissement de Paris, une paroisse principale et une ou plusieurs succursales, avec leurs titulaires. Dans le second arrondissement la paroisse principale est Saint-Roch, et les deux succursales, les Filles-Saint-Thomas et Notre-Dame de Lorette, dont le desservant sera, dit l'ordonnance épicospale, « le citoyen Michel Laurent Marets. »

« En fixant les titres de ces différentes églises, ajoutait l'Archevêque, nous voulons conserver au milieu du diocèse des titres précieux; et si l'état présent d'une ou plusieurs de ces églises ne permet pas la célébration des divins offices, nous nous réservons de transférer momentanément dans une autre église du même arrondissement l'exercice du culte, sans rien changer au titre que nous attribuons et attachons à ces différentes églises. »

La nouvelle paroisse rentrait dans ces prévisions : la chapelle Notre-Dame de Lorette, qui lui valait son nom, était détruite. Il s'agissait de lui trouver un autre asile, mais qui prendrait dès lors le nom de Notre-Dame de Lorette. Il fallait aussi délimiter exactement la circonscription de la nouvelle paroisse et de toutes les autres : tel fut l'objet de l'ordonnance archiépiscopale du 10 prairial an XI (30 mai 1803). Nous en extrayons ce qui regarde Notre-Dame de Lorette.

« Son territoire, y est-il dit, est déterminé, à partir de l'angle formé par la rue de la Chaussée d'Antin et celle de Provence, en suivant celle-ci et les rues Cadet et Rochechouart, à gauche, jusqu'à la barrière Rochechouart ; ensuite le mur intérieur jusqu'à la barrière de Clichy, puis la rue de ce nom, et partie de celle des Porcherons et de la Chaussée d'Antin, toujours à gauche, jusqu'au point de départ. »

» Le titre de cette succursale, disait enfin l'ordonnance, est fixé dans la chapelle de Saint-Jean. »

Dans le voisinage de l'ancienne chapelle détruite en 1796, à l'endroit même où commence aujourd'hui, dans le faubourg Montmartre, la rue de Maubeuge, se trouvait avant la Révolution un petit cimetière destiné aux paroissiens de

Saint-Eustache [1], avec une chapelle érigée en 1780 sous le vocable de Saint-Jean Porte-Latine. On dit, mais nous n'avons pu vérifier cette assertion, que cet oratoire avait servi de centre à une confrérie d'imprimeurs [2].

Cette chapelle, comme tant d'autres, avait été vendue pendant la Terreur ; mais, plus heureuse que Notre-Dame de Lorette, elle avait échappé à la destruction. La municipalité la loua pour 1900 francs par an au sieur Dumont, propriétaire, et la mit à la disposition de l'autorité ecclésiastique, qui en fit le siège de la nouvelle paroisse, après avoir changé son vocable en celui de Notre-Dame de Lorette [3]. C'est là qu'au mois de février 1803 fut installé M. l'abbé Marest.

Nous ne savons ce qu'était M. Pierre-Michel-Laurent Marest avant la Révolution, ni dans quelles conditions il subit la tourmente anti-

---

1. Voir le plan, page 9.
2. Lefeuve, *Les anciennes maisons de Paris*, t. v, p. 471.
3. On désignait encore vulgairement cette église sous le nom de Saint-Jean, mais son nom réel fut, à partir du Concordat, Notre-Dame de Lorette. En 1806, la fabrique décide l'acquisition d'une image de la sainte Vierge, « considérant que l'église est sous l'invocation de N.-D. de Lorette et qu'il convient de placer la représentation de la Vierge au maître-autel. » En revanche, le titre de Saint-Jean est transféré à un autel secondaire.

religieuse. Il était déjà assez âgé lorsqu'il fut envoyé à Notre-Dame de Lorette, et pendant dix-huit ans il y usa le reste de ses forces. Ce n'était pas un travail ordinaire que lui imposait la Providence. Il fallait réunir le troupeau dispersé, ramener les égarés, offrir le pardon aux coupables, instruire des vérités religieuses une génération qui avait grandi en dehors de l'Église. Il fallait de plus organiser le service paroissial, dans une église petite, incommode, absolument insuffisante pour une population de dix mille âmes [1].

Le nouveau Curé se mit résolûment à l'œuvre. Nous le voyons sans cesse, pendant ses dix-huit années de ministère, travailler à augmenter le nombre des prêtres qui pourront l'aider à convertir les âmes. Nous le voyons aussi s'ingénier à obtenir, par tous les moyens possibles, l'agrandissement de l'église. Il réussit à faire accepter au prince Murat, beau-frère de l'Empereur et futur roi de Naples, le titre de marguillier d'hon-

---

1. Pendant la Révolution, des voies nouvelles avaient été ouvertes sur le territoire de la paroisse : de cette époque datent les boulevards extérieurs, la rue de Laval, ainsi nommée du duc de Laval-Montmorency, et la rue Neuve-Coquenard, pour l'achèvement de laquelle M. Rodier, sous-gouverneur de la Banque, devait plus tard donner des terrains.

neur, et les administrateurs de l'église se hâtèrent d'élire leur illustre confrère président du conseil de fabrique. Assuré d'un tel protecteur, le Curé multiplie ses démarches : lettres au Cardinal, suppliques au préfet, placets à l'empereur Napoléon, tout est mis en œuvre pour arriver au résultat tant souhaité : la construction d'une église.

Il fallait aussi assurer à la fabrique des ressources suffisantes pour l'exercice du culte divin. Il y eut de mauvais jours à passer, et les paroissiens d'aujourd'hui auraient peine à croire qu'il s'agissait de Notre-Dame de Lorette dans la note que voici : « La mise des enfants de chœur n'est pas assez décente, en ce que la plupart ont des robes remplies de taches, et fort sales, et que les autres en ont ou trop grandes, ou trop larges, ou trop longues, de sorte que les plus petits se trouvent être comme dans des espèces de sacs [1]. »

D'ailleurs, ces enfants ne donnaient pas que des soucis matériels : leur tenue se ressentait de la date de leur naissance. Il fallut en 1813 faire imprimer et afficher à leur usage un règlement plein de détails instructifs. On y menaçait de renvoi tout enfant de chœur convaincu :

1. Registre du Conseil de fabrique, 3 juillet 1810.

« 1° d'avoir fréquenté mauvaise compagnie, telle que celle des enfants les plus dissipés et les plus turbulents de la paroisse ;

« 2° d'être monté avec eux, ou sans eux, sur les toits des bâtiments du Bureau de Bienfaisance, pour jeter des pierres aux passants et leur faire quelques insultes. »

Il était également recommandé aux enfants de chœur « de présenter à chaque paroissien le pain bénit, sans se presser d'arriver près de la porte de l'église pour vider leurs corbeilles à leurs connaissances qui s'y rassemblent, ainsi qu'on l'a remarqué jusqu'ici. »

C'est par milliers qu'il faudrait multiplier ces détails pour montrer au milieu de quelles difficultés de tout genre, grandes et petites, s'exerçait le ministère paroissial après le désarroi révolutionnaire. M. Marest y consuma dix-huit années de sa vie ; enfin, épuisé de forces, il dut se démettre du fardeau pastoral, pour « se recueillir devant Dieu et préparer le compte final que tout homme doit rendre au Juge suprême en quittant la vie [1]. »

1. M. Caron, *Semaine religieuse de Paris*, 23 mai 1885.

ARTICLE II

MONSIEUR LECLAIR, DEUXIÈME CURÉ
(1820-1833)

Notice sur M. Leclair. — La construction d'une nouvelle église est décidée. — Le concours. — Les concurrents. — Les juges. — Choix du projet de M. Le Bas. — Pose de la première pierre. — Causes des retards dans les travaux. — Agrandissement du quartier. — Mort de M. Leclair.

Né à Paris le 8 mars 1757[1], François Leclair avait fait ses études au petit séminaire de Saint-Sulpice et, après son ordination, s'était vu attacher à un hospice en qualité d'aumônier. Il refusa, pendant la Révolution, de prêter serment à la Constitution civile du clergé. Après le Concordat, Mgr de Belloy le nomma aumônier de l'hospice des Petits-Ménages : c'est de là qu'en juin 1820 il fut promu à la cure de Notre-Dame de Lorette.

C'était un vieillard qui succédait à un vieillard ;

---

1. L'*Ami de la Religion*, 26 mars 1833.

le clergé n'était pas nombreux à cette époque : l'apostasie de quelques-uns, le martyre d'un grand nombre, avaient éclairci les rangs des ministres du sanctuaire. Quoiqu'il en soit, en voyant arriver leur nouveau pasteur, les fidèles n'étaient pas sans inquiétude : « ils se demandaient avec anxiété si le temps n'allait pas tout à coup lui faire défaut, et si l'âge lui permettrait d'être à la hauteur de sa tâche [1]. » Craintes superflues : pendant treize ans ce vieillard édifia et émerveilla ses paroissiens, par l'ardeur juvénile avec laquelle il reprit, pour le faire aboutir, le projet de son prédécesseur : la construction d'une église.

Cette œuvre devenait de plus en plus l'œuvre capitale de la paroisse. M. Leclair n'était pas depuis un an à Notre-Dame de Lorette, que trois nouvelles rues étaient ouvertes et recevaient les noms de trois Parisiens célèbres : Trudaine, prévôt des marchands au XVIIIe siècle, — Bochard de Saron, premier président au Parlement de Paris, — et Cretet, ministre de l'intérieur sous Napoléon Ier. Tout faisait prévoir que ce mouvement allait continuer, que la population allait encore s'accroître : l'église devenait de jour en jour plus indispensable.

---

1. M. l'abbé Caron, *Semaine religieuse de Paris*, 23 mai 1885.

En moins de deux ans, M. Leclair vint à bout de tous les obstacles : la construction d'une église fut décidée par l'autorité préfectorale [1], et, par une ordonnance en date du 3 janvier 1822, Louis XVIII autorisait l'ouverture d'un concours entre les architectes. L'emplacement choisi comme le plus central était l'intersection des rues Coquenard, des Martyrs, de Saint-Lazare et du faubourg Montmartre. Le programme du concours avait été rédigé sous l'inspiration de Mgr de Quélen, archevêque de Paris ; il exposait une idée qui a pu être réalisée : « La Ville, disait-on, ayant à distribuer des travaux d'encouragement aux artistes peintres et sculpteurs, pour ensuite en orner les églises, il serait à désirer pour le bien de l'art, pour l'avantage des artistes, enfin pour l'harmonie et le bon ordre dans la décoration de nos temples, que les tableaux ou statues fussent faits exprès pour des places destinées d'avance, et non accrochés comme de simples expositions et comme n'appartenant en rien à l'édifice. » On invitait donc les concurrents « qui

---

[1]. Le préfet de la Seine était alors M. de Chabrol. Il avait beaucoup fait pour la ville, et, bien que nommé par Napoléon Ier, Louis XVIII n'avait pas voulu le destituer : « Non, non, répondait-il à ceux qui l'en sollicitaient : M. de Chabrol a épousé la ville de Paris, et j'ai aboli le divorce. »

croiraient convenable d'orner leur église de grandes peintures et de sculptures, à en indiquer la place, afin de diriger l'administration dans la distribution des travaux qu'elle ordonnerait[1]. »

Le concours fut des plus brillants : en effet, au lieu de l'ouvrir à tous et de s'encombrer de projets sans valeur, le préfet ne voulut faire appel qu'à dix architectes, déjà recommandés par des succès antérieurs. De ces dix *appelés* presque tous sont devenus célèbres : si nous rencontrons sur la liste MM. *Ménage*, *Nepveu* et *Provost*, qui ne se sont guère fait connaître, nous y trouvons en revanche : *Caristie*, qui prépara la restauration de l'arc de Marius à Orange et mourut membre de l'Institut ; — *Châtillon*, grand-prix de Rome, auteur de l'église de Bercy et du marché des Patriarches ; — *Gauthier*, à qui l'on doit l'hôpital de Lariboisière, le tombeau de Duguesclin à Mende et celui de Fénelon à Cambrai. Les autres concurrents n'étaient pas moins remarquables : *Godde* a construit le nouveau séminaire de Saint-Sulpice, et les églises de Bonne-Nouvelle et de Saint-Denis du Saint-Sacrement ; — *Guénepin*, grand-prix d'architecture, a res-

---

1. *Notice sur la nouvelle église N.-D. de Lorette construite par M. Hippolyte Le Bas*, 1837, p. 4-5.

tauré l'arc de triomphe de Titus à Rome, — et il suffit à l'honneur de *Leclère* de nommer ses deux élèves : Abadie et Viollet-le-Duc.

Le dixième concurrent était *Louis-Hippolyte Le Bas*. Né à Paris le 21 mars 1782, et neveu du célèbre Vaudoyer, il avait été successivement élève de son oncle, de Fontaine et de Percier, avait obtenu le second grand-prix d'architecture en 1806, et la conscription seule (on était alors sous le premier empire), l'avait empêché de concourir pour le premier prix, qui lui était destiné. Le monument de Malesherbes au Palais de Justice avait attiré l'attention sur le jeune architecte, et lui avait valu d'être admis à concourir pour l'érection de la nouvelle église ; le projet qu'il présenta portait cette épigraphe :

> Que de l'or le plus pur son autel soit paré
> Et que du sein des monts le marbre soit tiré.

Son œuvre et celle de Caristie se partagèrent dès l'abord les préférences de la commission. Celle-ci, présidée par le préfet et par le vicomte Héricart de Thury, directeur des travaux de Paris et l'Alphand de son époque[1], se composait de

---

[1]. On lui doit la restauration des Thermes et de Cluny, et les merveilleux travaux exécutés dans les Catacombes.

MÉDAILLE COMMÉMORATIVE DE LA FONDATION DE L'ÉGLISE
par Gayrard et Domard

cinq architectes, tous membres de l'Institut, tous ayant attaché leur nom à des monuments célèbres : *Hurtault*, au palais de Fontainebleau; *Huyot*, à l'Arc de Triomphe de l'Étoile; *Thibaut*, à l'Élysée et à la Malmaison; enfin, *Fontaine* et *Percier*, les deux inséparables, à l'Arc de Triomphe du Carrousel, au Louvre et aux Tuileries dont ils opérèrent la réunion.

Après de longues hésitations, ce jury d'élite, se rangeant à l'avis de Percier, adopta, le 23 avril 1823, le projet d'Hippolyte Le Bas.

Ce fut donc lui qui fut chargé de construire la nouvelle église Notre-Dame de Lorette[1].

La première pierre fut bénite et posée le jour de la Saint-Louis, fête du roi, 25 août 1823. Un détachement de troupes entourait le terrain de l'église future, et le conseil municipal, qui faisait élever ce monument, avait tenu à assister à ce premier acte de la construction. La pierre fut

1. Ce succès d'Hippolyte Le Bas ne fut pas le dernier. En 1825, après un concours entre six architectes, il construisit la prison des jeunes détenus, rue de la Roquette, et la même année il entrait à l'Institut. Il mourut officier de la Légion d'honneur, le 13 juin 1867. Son nom a été donné à une rue ouverte dans le voisinage de l'église.

bénite par Mgr de Quélen, archevêque de Paris, et posée par le comte Chabrol de Volvic, préfet de la Seine. On y avait déposé : des pièces de monnaie au millésime de 1823 ; — une plaque de cuivre portant les noms des autorités civiles et ecclésiastiques ; — enfin, un exemplaire de la médaille commémorative, représentant, sur la face, l'effigie de Louis XVIII par Gayrard, et sur le verso, gravé par Domard, la façade du futur édifice [1].

Cette cérémonie passa à peu près inaperçue des Parisiens, au milieu de l'émotion suscitée par la mort de Pie VII, dont la nouvelle s'était répandue le matin même dans la capitale [2]. Si la mort d'un pape est toujours un événement grave, celle de Pie VII était faite pour causer à Paris une impression exceptionnelle : plusieurs fois le pape était venu en France, d'abord en triomphateur, puis en prisonnier ; beaucoup se rappelaient l'avoir vu, et la nouvelle de sa mort absorba trop les esprits pour qu'on prêtât grande

---

1. Voir cette médaille, p. 65. La gravure de Gayrard est regardée comme le meilleur portrait qui existe de Louis XVIII.
2. Pie VII était mort le 20 août, et on ne le sut à Paris que le 25, ce qui n'empêche pas l'*Ami de la Religion* de dire : « Cette nouvelle a été transmise bien rapidement, puisqu'on la sut à Paris le 25 au matin. » *O tempora !*

attention à la cérémonie qui s'accomplissait dans un coin de la ville.

On espérait que les travaux de l'église seraient activement menés, et que bientôt elle pourrait être consacrée au culte. Dans une lettre au préfet de la Seine, l'architecte parle « des trois ou quatre années que devront durer les travaux dont il se trouve si honorablement chargé[1]. » Hélas! ce ne fut pas trois ans, ce fut treize ans qu'il fallut attendre. A chaque instant, les difficultés les plus sérieuses[2] venaient contrarier les légitimes impatiences du pasteur et des fidèles. Le premier re-

---

1. 28 juin 1823. Archives nationales.
2. Les incidents les plus petits en apparence venaient s'ajouter aux difficultés plus considérables. Il existe aux Archives un dossier de plusieurs lettres relatives à l'exemption du service de la garde nationale, demandée par l'architecte, afin d'avoir plus de temps à consacrer à ses travaux. Le 11 juillet 1823, M. Le Bas écrit au vicomte Héricart de Thury, directeur des travaux de Paris : « Il ne me reste plus qu'à vous rappeler la promesse que vous m'avez faite de vous employer pour me faire exempter du service de la garde nationale, qui depuis quelque temps me cause beaucoup de dérangement par la fréquence des ordres que je reçois. » Le directeur des travaux promet son concours : « Je m'en occuperai avec plaisir, puisque j'aurai à faire une chose qui peut vous être agréable. » Etant lui-même colonel de la 9e légion, il pensait que sa recommandation serait toute-puissante. Il écrit donc au colonel de la 2e légion, à laquelle appartenait Hippolyte Le Bas : « ... Je vous serai, Monsieur le Colonel, profondément obligé d'une concession dont

tard fut occasionné par la nécessité de déterminer l'axe du nouvel édifice. En 1822, la rue Laffite, alors rue d'Artois, n'allait que du boulevard à la rue de Provence ; elle s'y arrêtait devant le bel hôtel de Thélusson, « qui, par une heureuse disposition architecturale, formait à son extrémité un point de vue fort agréable. On ne pensait pas encore que cet hôtel dût être démoli, et qu'un jour la rue d'Artois pourrait être prolongée[1]. » Ce fut pourtant ce qui arriva : l'hôtel fut détruit, on prévit dès lors que la rue d'Artois serait continuée jusqu'à l'église, et il fallut donner à l'édifice un axe qui lui permît de former, à l'extrémité de la rue ainsi prolongée, une perspective

---

je connais toute la difficulté, et je vous prie de vouloir bien en recevoir à l'avance mes remerciements. »

Voici pourtant la réponse du colonel Villot au colonel Héricart de Thury : « ... C'est avec infiniment de regret, Monsieur le Colonel, que je me vois dans l'obligation de vous annoncer que je ne puis déférer à votre invitation, surtout lorsque je considère le peu d'activité de service, qui permet à M. Le Bas de le concilier avec ses travaux journaliers,... et surtout le mauvais effet qui en résulterait dans la compagnie... Vous savez ainsi que moi, Monsieur le Colonel, que MM. les gardes nationaux ont toujours des raisons à faire valoir pour s'exempter du service, principalement les personnes qui, par leurs professions honorables, devraient de préférence être portées sur les contrôles. » Hâtons-nous cependant de dire que, par faveur exceptionnelle, M. Le Bas fut autorisé à ne rejoindre son poste qu'à sept heures du soir !

1. *Notice sur la nouvelle église N.-D. de Lorette*, 1837, p. 4.

satisfaisante. Ce changement occasionna de nouvelles acquisitions, des échanges de terrain, des indemnités, et un retard de près d'une année.

Enfin, au mois d'avril 1824, on put commencer les travaux. Mais, dès les premières fouilles, on se trouva en présence d'une difficulté plus ennuyeuse que la première. Le ruisseau de Ménilmontant a laissé dans le quartier des traces de son passage : « lors des grandes pluies, des infiltrations considérables ont lieu dans les terrains voisins de son ancien lit, et les caves du quartier se remplissent d'eau [1]. » On voit par là ce qu'amenèrent les fouilles : les eaux surgirent abondamment, et il fallut établir les constructions sur pilotis ; de là de nouveaux retards.

Enfin, on rattacha la construction de l'église à tout un projet d'ensemble pour la création de nouvelles rues sur la pente de Montmartre. De tous côtés des voies publiques vinrent dégager les abords de l'édifice : devant l'église, une rue s'ouvrait et prenait le nom de M. Olivier, pair de France et président du conseil de fabrique de la paroisse [2] ; à droite et à gauche étaient percées les rues Fléchier et Bourdaloue, tandis qu'une

---

1. *Dictionnaire* de Larousse, Notre-Dame de Lorette.
2. Ce fut ensuite la rue du Cardinal-Fesch, puis la rue de Châteaudun.

voie venait aboutir au chevet de l'église et prenait son nom de Notre-Dame de Lorette. Pour relier la rue nouvelle à la rue des Martyrs, M. Bréda donnait des terrains, sur lesquels s'ouvraient les rues Bréda et Neuve-Bréda [1], et quelques pas plus loin, la rue de Navarin consacrait le souvenir de la victoire, encore récente, remportée sur la flotte musulmane.

Au milieu de tous ces travaux et des retards qu'ils occasionnaient, M. Le Bas et l'inspecteur des travaux, M. Dommey, avaient tout le loisir d'appliquer le précepte de Boileau : « Hâtez-vous lentement ! » D'ailleurs, on utilisait le temps en faisant les travaux d'art dès que l'état du gros œuvre le permettait. « Ainsi vit-on, aussitôt après l'élévation des murs, placer trois statues aux trois angles du fronton de l'église, le fronton sculpté immédiatement, et les murs intérieurs se couvrir de riches peintures ; car pendant que les maçons posaient les pierres, les peintres et les sculpteurs travaillaient dans leurs ateliers, et les premiers purent, aussitôt après l'achèvement des murs, exécuter sur place les dessins qui avaient été composés à l'avance [2]. »

---

1. Nommée depuis rue Clauzel, en mémoire du maréchal de France mort en 1842.

2. Grégoire, *Notice explicative des objets d'art qui décorent la nouvelle église Notre-Dame de Lorette à Paris*, 1837, p. IV.

VUE PRISE DANS LE BAS-COTÉ DE L'ÉGLISE
(Aquarelle de H. Le Bas, 1823)

Cependant, avec les années croissait l'impatience des fidèles, obligés si longtemps de passer sous les murs d'un édifice qui promettait d'être vaste et beau, pour aller s'entasser dans une mesquine et étroite chapelle. Plus que toute autre était grande l'impatience du Curé. De jour en jour augmentait le nombre de ses paroissiens : les rues ouvertes aux alentours de l'église se peuplaient, d'autres étaient percées dans toutes les directions[1], la petite église devenait chaque jour plus insuffisante[2].

Et puis les années s'accumulaient sur la tête du pasteur : il se demandait s'il vivrait assez pour inaugurer cette église qu'il avait vu bâtir pierre à pierre. Dans une aquarelle, l'architecte avait représenté M. Leclair, en costume de chœur, dans le nouveau temple supposé terminé[3] : cette *image* deviendrait-elle une réalité ? Dieu en avait

---

1. De cette époque datent les passages de l'Opéra, la rue Frochot, ainsi nommée en souvenir d'un préfet de la Seine sous Napoléon Ier, et la rue Turgot, qui porte le nom d'un prévôt des marchands du temps de Louis XV, et non celui du célèbre ministre de Louis XVI.
2. Elle dut paraître plus étroite que jamais le 30 novembre 1825, jour des obsèques du général Foy, dont le convoi fut suivi par cent mille Parisiens. Mais quelle église aurait pu les contenir?
3. Voir p. 73 la reproduction de cette aquarelle, qui appartient aujourd'hui à M. l'abbé Caillebotte, curé de la paroisse.

décidé autrement. Le dimanche 10 mars 1833, le saint prêtre avait dit sa messe et confessé : le dimanche suivant, 17 mars, il mourait des suites d'une apoplexie. « Comme Moïse en vue de la terre promise où il ne peut introduire son peuple, il meurt en jetant sur l'église, où il n'entre pas, un regard d'envie. C'est le dernier sacrifice que Dieu impose à sa vertu[1]. »

1. M. l'abbé Caron, *Semaine religieuse de Paris*, 23 mai 1885.

ARTICLE III

MONSIEUR DE ROLLEAU, TROISIÈME CURÉ
(1833-1881)

Notice sur M. de Rolleau. — Consécration de la nouvelle église. — Splendeur du culte. — Développement de la paroisse. — La guerre. — La Commune. — Fermeture et pillage de l'église. — Mort de M. l'abbé Sabattier. — Après la Commune. — Mort de M. de Rolleau.

Le successeur de M. Leclair fut un jeune prêtre de trente-quatre ans. Né en 1799 à Verdun (Tarn-et-Garonne), d'une famille noble mais peu aisée, Etienne-Théodore de Rolleau avait commencé ses études à Montauban et les avait achevées à Paris, où il fut ordonné prêtre en 1826. Vicaire pendant six ans à Notre-Dame de Bonne-Nouvelle, puis second vicaire à Saint-Étienne du Mont, il occupait ce dernier poste quand il fut appelé, par Mgr de Quélen, à la cure de Notre-

Dame de Lorette. Lorsqu'il arriva dans la petite chapelle, la grande église voisine dressait déjà ses murs, son fronton triomphant : le gros œuvre était terminé, la décoration entreprise. Restait à presser tout le monde. M. de Rolleau se mit à cette besogne avec la triple ardeur de son zèle, de son âge et de son pays. Il lui fallut en même temps s'occuper du mobilier, des ornements, des vases sacrés. Enfin, au bout de trois années, tout était fini, ou à peu près. « Il ne reste plus à terminer, dit un journal du temps, que les peintures de la coupole et de trois chapelles latérales ; on peut exécuter ces décorations sans gêner le service de l'église et la célébration des offices divins[1]. »

Il fut donc décidé qu'on procèderait sans plus de retard à la consécration du nouveau temple élevé à la gloire de Dieu dans la cité parisienne. Mgr de Quélen fixa la cérémonie au 15 décembre 1836, jour octave de l'Immaculée-Conception. Cette date était choisie à dessein. Tout en laissant à la nouvelle église le vocable de Notre-Dame de Lorette, consacré par la dévotion populaire et par une possession de deux siècles, l'Archevêque voulait que sa dédicace fût une glo-

---

1. *L'Ami de la religion,* 13 décembre 1836.

rification du privilège de la sainte Vierge si particulièrement cher à l'Église de Paris, et qui bientôt allait devenir pour tous les chrétiens un dogme de foi. Il avait décidé, dans ce but, que la fête principale de l'église nouvelle serait celle de l'Immaculée-Conception, et il associa tous les fidèles à son pieux dessein, dans une lettre où se dévoilent, à travers un style admirable, son ardente piété envers la Vierge très pure, et son désir de la voir aimée de tous ses diocésains. Cette lettre est datée du jour même de la Dédicace, 15 décembre 1836 [1].

La veille de ce jour, le roi Louis-Philippe avait voulu visiter la nouvelle église. Il la parcourut en détail, monta même sur l'échafaudage de la coupole encore livrée au peintre, et partout multiplia ses observations et ses éloges. Il était accompagné, dans cette visite, de la Reine, de Madame Adélaïde, du comte de Rambuteau, préfet de la Seine, et d'une délégation de la municipalité parisienne.

Le lendemain, 15 décembre, dès sept heures du matin, la foule entourait l'église, décorée par les soins du garde-meuble de la couronne.

---

1. L'importance que les paroissiens de N.-D. de Lorette doivent attacher à ce Mandement nous engage à le reproduire intégralement. Voir l'Appendice I à la fin du volume.

L'ordre était maintenu par la compagnie Leclerc, de la garde nationale, qui avait déjà figuré, treize ans plus tôt, à la pose de la première pierre, et avait demandé de remplir le même office au jour de la consécration. Nous ne pouvons mieux faire que d'emprunter à un journal du temps le compte-rendu de la cérémonie : « Elle a commencé, dit l'*Ami de la religion*, un peu avant huit heures, lorsque toutes les dispositions ont été terminées... L'autorité civile avait pris des mesures plus qu'ordinaires pour le maintien de l'ordre au dehors et au dedans du monument. Mais la religion n'a recueilli que des témoignages de respect; on a pu le remarquer surtout au moment où M. l'Archevêque, en habits pontificaux et précédé de tout le clergé présent à la cérémonie, a parcouru, en dehors, le tour de l'église, au chant des antiennes et tandis qu'on encensait les reliques des saints, portées ainsi en procession extérieure, par deux prêtres de la paroisse. Outre que tous les spectateurs se sont spontanément découverts, il régnait parmi cette foule un silence religieux.

« M. l'Archevêque était assisté de ses deux secrétaires, MM. Surat[1] et Molinier. La consé-

---

1. Mort depuis victime de la Commune.

cration terminée, M. l'Archevêque félicita, dans un discours, les autorités qui ont concouru à élever ce monument et les artistes qui en ont exécuté les décorations. Le prélat célébra ensuite une messe basse. La cérémonie n'a fini qu'à une heure et demie passée. »

Parmi les personnages de marque qui avaient tenu à y assister, il faut citer : Mgr Garibaldi, internonce pontifical ; Mgr de Forbin-Janson, évêque de Nancy ; Mgr Casanelli d'Istria, évêque d'Ajaccio ; M. de Gasparin, ministre de l'intérieur ; M. Olivier, curé de Saint-Roch, et depuis évêque d'Evreux ; M. Ottin, curé de Montmartre ; MM. Heuqueville, curés de Saint-Nicolas du Chardonnet et de Sainte-Marie des Batignolles. Au banc d'œuvre avaient pris place M. de Chabrol, ancien préfet, qui avait commencé les travaux, et M. de Rambuteau, son successeur, qui venait de mener l'œuvre à bonne fin.

Les paroissiens de Notre-Dame de Lorette avaient donc enfin leur église ! Il s'agissait maintenant d'y organiser le culte divin, et de compenser, par la beauté des cérémonies, la trop grande simplicité à laquelle on avait été si longtemps condamné.

M. de Rolleau s'appliqua à cette tâche : sans souci des polémiques suscitées par certains journaux sur le trop vif éclat du nouveau temple, il s'occupa de faire régner, dans l'église la décence la plus parfaite, dans les offices la majesté qui aide les fidèles à se pénétrer de la présence de Dieu. C'était une de ses grandes joies de voir « le bon Dieu si bien logé, » et on l'entendait souvent dire : « Je ne veux pas que la maison de Dieu soit moins bien tenue que la mienne[1]. »

Mais le bon prêtre n'oubliait pas que son église portait le nom de la sainte Vierge. L'éclat avec lequel il célébra le mois de Marie n'a pas peu contribué à rendre populaire à Paris cette pratique pieuse, encore peu connue à cette époque. Il obtint de Mgr l'Archevêque l'érection d'une confrérie en l'honneur du Cœur immaculé de Marie, et il introduisit dans la paroisse la dévotion du Rosaire vivant. La Vierge de Lorette aimait à récompenser, dès ici-bas, son serviteur de ce qu'il faisait pour elle : « Quand il m'arrive quelque chose d'heureux, disait-il, c'est toujours le samedi. »

Cependant la paroisse se développait de plus

---

1. *Semaine religieuse de Paris*, 29 janvier 1881.

en plus. Si la nouvelle église de la Trinité lui enlevait au nord-ouest une portion importante de territoire, la suppression de Saint-André d'Antin lui donnait, au midi, toute la partie comprise entre la rue de Provence et les boulevards. De tous côtés se multipliaient les voies publiques. Une compagnie, à la tête de laquelle se trouvait M. Verdeau, ouvrit au commerce le passage de ce nom et un autre qui reçut le nom de Jouffroy, l'inventeur de la navigation à vapeur. Un chemin tracé sur l'emplacement de la Grange-Batelière se vit continuer jusqu'au faubourg Montmartre et prit le nom du général Drouot, qui venait de mourir. Ces travaux de voirie datent des dernières années du règne de Louis-Philippe, et quelques mois avant de descendre du trône, le vieux roi put encore donner à une voie nouvelle le nom de son quatrième fils, qui s'illustrait alors en Afrique : le duc d'Aumale.

Sous Napoléon III le mouvement s'accentue encore ; d'ailleurs il devenait nécessaire de multiplier les voies publiques dans le voisinage des gares de chemin de fer, nouvellement créées, et la paroisse de Notre-Dame de Lorette se trouvait à proximité des gares du Nord et de l'Ouest. La rue Lafayette, qui s'arrêtait au faubourg Saint-Denis, est continuée et traverse la paroisse dans toute sa largeur; la rue de Maubeuge vient détruire les derniers vestiges de la chapelle Saint-Jean ; enfin le poète Milton, le musicien Choron, le prévôt des marchands Lallier, le philanthrope Gérando, les savants Say et Condorcet donnent leurs noms à autant de voies nouvelles.

Ainsi de jour en jour la paroisse prenait plus d'importance, et il y avait déjà trente-sept ans que M. de Rolleau la dirigeait, lorsque la guerre éclata.

Nous n'avons pas à parler de cette guerre néfaste ; mais de ses cendres encore chaudes naquit la Commune, et celle-ci doit nous arrêter, car Notre-Dame de Lorette est une des trois églises de Paris qui ont eu l'honneur de compter, parmi leur clergé, un prêtre martyr [1].

Durant les premières semaines de l'insurrection, le clergé de la paroisse put, moyennant quelques précautions, exercer librement son saint ministère. Et pourtant l'on n'était pas sans inquiétude : on savait que les hommes au pouvoir professaient, pour la religion et les prêtres, une haine ouverte, affichée et menaçante.

---

1. Les deux autres sont Sainte-Madeleine et Notre-Dame de Bonne-Nouvelle.

L'ABBÉ SABATTIER
Second vicaire à N.-D. de Lorette
Mort le 27 mai 1871

Ces craintes n'étaient que trop fondées. Le mardi de Pâques, 11 avril 1871, un détachement de vingt-cinq hommes du 117º bataillon de la garde fédérée envahit l'église, sous la conduite d'un maître boucher du quartier Rochechouart. Le seul prêtre qui se trouvât en ce moment à l'église était M. l'abbé Sabattier, second vicaire de la paroisse[1]. Depuis seize ans qu'il y exerçait le ministère, M. Sabattier s'était fait connaître et apprécier de tous ; les enfants surtout l'aimaient comme un père. Aussi croyait-il n'avoir rien à redouter, et n'avait-il pu se décider, malgré les conseils de ses amis, à quitter le costume ecclésiastique. « Je n'ai jamais fait de mal à personne, disait-il, que pourrait-on me faire ? » Naïve parole ! l'âme à qui elle était échappée n'avait décidément plus rien à faire en ce monde !

Prévenu de l'approche des fédérés, M. Sabattier avait encore le temps de fuir : il ne le voulut

---

1. Jean-Marie Sabattier était né en 1820, à Varagnes (diocèse de Saint-Flour), au sein d'une famille nombreuse et solidement chrétienne. De bonne heure il avait entendu l'appel de Dieu : il voulait être prêtre, ou du moins *frère*, sa mère reculant devant les dépenses d'une éducation supérieure. Il ne put commencer ses études qu'à dix-neuf ans, à Paris, sous la direction d'un prêtre de ses parents ; il les acheva au grand séminaire de Beauvais. En 1847 il était ordonné prêtre et réclamé par l'Archevêque de Paris, qui le nomma vicaire à Choisy-le-Roy. En 1855, il était promu vicaire à Notre-Dame de Lorette.

pas: « il pensa que si les envahisseurs ne trouvaient aucun prêtre, leur rage en serait accrue, que sa chère église aurait à souffrir davantage, et il resta[1]. »

A l'exemple du divin Maître, M. Sabattier s'avance au-devant de la troupe armée : « Qui cherchez-vous ? — Les curés ! — Eh bien, me voici, » répond-il ; et on l'emmène, tandis que les enfants, attirés par la curiosité, le reconnaissent, s'accrochent à sa soutane, mais sont impuissants, hélas ! à le retenir à cette chère église qu'il ne devait plus revoir. Au milieu des injures et des menaces, le prisonnier est traîné d'abord à Montmartre, puis à Mazas, d'où il sera transféré, un mois plus tard, à la Roquette, dépôt des condamnés à mort.

En même temps que M. Sabattier, les fédérés mirent en état d'arrestation le suisse de l'église, nommé Luez. Dans quel but? On pourrait se le

---

1. A. Rastoul, *L'Église de Paris sous la Commune*, p. 370. Nous avons également consulté sur ces épisodes douloureux : G. Feugère, *La persécution religieuse sous la Commune;* l'abbé Delmas, *La Terreur et l'Église en 1871;* P. Fontoulieu, *Les églises de Paris sous la Commune;* de la Vausserie, *Les Martyrs de la seconde Terreur;* la *Semaine religieuse* de Paris, année 1871. On peut voir encore : Mgr Lamazou, *La place Vendôme et la Roquette;* l'abbé Amodru, *La Roquette;* Beluze, *Les martyrs de Paris;* l'abbé Perny, *Deux mois de prison sous la Commune,* etc.

demander, si l'on ne savait que, dans sa cellule de Mazas, le prisonnier reçut la visite de fédérés qui essayèrent d'obtenir de lui la liste des plus riches habitants de la paroisse : on voulait opérer chez eux des perquisitions. Mais le brave soldat resta fidèle à son devoir, et il en fut puni par une captivité de quarante-sept jours.

Matériellement, l'église n'eut pas trop à souffrir de cette première visite des insurgés. Ceux-ci ouvrirent toutes les portes, même celles des troncs, sans doute pour s'assurer qu'ils ne cachaient aucun *Versaillais,* puis ils fermèrent l'église et en emportèrent les clés.

Cependant, sur les réclamations d'un certain nombre d'habitants, l'avis suivant était bientôt placardé sur les murs du IXe arrondissement :

Le Délégué à la mairie du IXe arrondissement,

Considérant que l'occupation par la garde nationale de certains édifices de l'arrondissement consacrés au culte n'a plus de raison d'être, par suite des perquisitions que la sûreté générale y a fait opérer,

Après en avoir conféré avec le délégué à la sûreté générale,

Arrête :

Les églises, temples et synagogues du IXe arrondissement qui pourraient être occupés par la garde nationale devront être évacués par elle dans la journée du 29 avril.

L'exécution du présent arrêté est confiée au colonel de la 9e légion.

Le délégué à la mairie du IXe arrondissement,

BAYEUX-DUMESNIL.

En exécution de cet arrêté, l'église Notre-Dame de Lorette fut rendue au culte dans la journée du 5 mai, et deux prêtres de la paroisse, MM. Dufau et Zielinski, se mirent en devoir de commencer les exercices du mois de Marie. Mais, hélas! où étaient les splendeurs d'autrefois? A 9 heures du matin avait lieu une modeste réunion à laquelle prenaient part une trentaine de fidèles, et les portes de l'église se refermaient jusqu'au lendemain.

Si peu que ce fût, c'était encore trop pour les maîtres de Paris. L'arrêté pris par le citoyen Bayeux-Dumesnil ayant été regardé comme une preuve de tiédeur, il fut révoqué. Ce fut le signal de nouvelles persécutions. L'église allait être fermée de nouveau, et cette fois, elle allait avoir l'*honneur* d'être close par le fameux Le Moussu.

Le 19 avril avait été affiché à Montmartre un arrêté qu'il faut citer textuellement :

Attendu que les prêtres sont des bandits et que les églises sont des repaires où ils ont assassiné moralement les masses en courbant la France sous la griffe infâme des Bonaparte, Favre et Trochu, le délégué civil des Carrières près l'ex-préfecture de police ordonne que l'église Saint-Pierre-Montmartre soit fermée et décrète l'arrestation des prêtres et ignorantins.

Signé : Le Moussu.

A un tel homme Montmartre ne pouvait suffire. Aussi Le Moussu élargit-il le cercle de ses opérations : le 13 mai, muni de pouvoirs en règle, et à la tête d'un détachement du 128° bataillon, il envahit Notre-Dame de Lorette. Cette fois l'église fut livrée au pillage. Les objets qu'elle renfermait furent enlevés et portés, soit à la mairie de la rue Drouot, soit à l'hôtel des commissaires-priseurs pour y être livrés aux enchères[1] : le déménagement dura toute une journée. Puis la maison de Dieu fut transformée en une sorte de

---

1. Le temps manqua, et presque tout fut retrouvé après l'insurrection.

caserne. Le 19 mai, des officiers, de retour d'Issy, y donnèrent un banquet en l'honneur de leurs victoires imaginaires. Le lendemain, la caserne devenait une prison : une battue faite dans les rues du quartier amena l'arrestation de plusieurs centaines de citoyens *réfractaires* à la Commune : ils furent enfermés dans l'église où ils restèrent trois jours, au régime du pain et de l'eau.

Enfin, le 23 mai, l'église fut délivrée par l'armée régulière. Mais dans quel triste état elle fut remise au pasteur qui avait consacré sa vie à la parer ! La *Semaine religieuse* constatait, en parlant de Notre-Dame de Lorette, que « l'œuvre de dévastation y avait été plus horrible encore que partout ailleurs[1]. » Nous avons sous les yeux les notes manuscrites d'un membre de la commission des monuments historiques[2], qui visita à cette époque les ruines de Paris ; nous y lisons cet inventaire si triste dans son laconisme : « L'église profanée. — Font-baptismal et vases d'ornement, disparus. — Le groupe du maître-autel en bronze, mutilé. — Statues en marbre du Christ et de la Vierge, têtes brisées. » Ajoutez

---

1. *Semaine religieuse de Paris*, 1ᵉʳ juillet 1871.
2. Le baron de Guilhermy.

à cela les troncs forcés, les tabernacles à peu près détruits, les murs de la chapelle de l'Eucharistie labourés de balles, les magnifiques peintures de Perrin compromises, les croix et les candélabres brisés et tordus : voilà l'état dans lequel la Commune abandonnait Notre-Dame de Lorette ! Et encore, qu'étaient toutes ces désolations auprès de la nouvelle qui arriva tout à coup : l'abbé Sabattier était tombé sous les balles des insurgés !

En annonçant à son clergé la mort glorieuse de Mgr Darboy, archevêque de Paris, l'éloquent évêque de Poitiers[1] disait :

« Les rites sacrés ne permettent pas que, dans la célébration publique des saints mystères, l'évêque soit laissé seul : « Père », s'écriait le lévite Laurent en voyant le pontife saint Xyste marcher seul vers le supplice, « père, où allez-vous sans votre fils ? Prêtre saint, où vous rendez-vous d'un pas si prompt sans votre diacre ? Vous n'aviez jamais coutume d'offrir le sacrifice sans ministre. » Écartons cette préoccupation. Le pontife, en s'avançant vers l'autel de son immolation, ne manquera d'aucun des officiers sacrés ;

---

1. Mgr Pie. Lettre circulaire du 3 juillet 1871.

jamais son cortège n'aura été plus au complet. »

L'abbé Sabattier faisait partie de ce cortège : à la suite de son archevêque, d'un grand-vicaire, de deux curés de Paris, et seul parmi les vicaires de paroisse, il fut appelé à boire le calice jusqu'à la lie.

Nous l'avons laissé à Mazas, où il vécut un mois et demi, méritant l'estime et l'affection de ses compagnons de captivité. « J'ai eu, dit l'un d'eux, des rapports intimes avec M. Sabattier, vicaire de Notre-Dame de Lorette. Je suis persuadé que ses amis doivent l'avoir en grande estime pour son aimable piété et sa modeste douceur[1]. » Le lundi 22 mai, il était transféré à la Roquette, avec Monseigneur l'Archevêque et d'autres otages, et enfermé dans la cellule n° 31. C'est de là qu'il entendit, le mercredi 24, les coups de feu qui foudroyaient Mgr Darboy, l'abbé Deguerry et d'autres nobles victimes ; c'est de là qu'il partit, le vendredi 26, pour gravir, comme un nouveau Calvaire, la montagne de Belleville, avec le P. Olivaint, l'abbé Planchat, le séminariste Seigneret, de douce mémoire, et tant d'autres otages.

---

1. Perny, *Deux mois de captivité.*

Nous ne raconterons pas le massacre de la rue Haxo, où l'abbé Sabattier eut la gloire de répandre son sang pour Jésus-Christ. Nous citerons seulement, pour donner une idée du supplice des victimes et de la rage des bourreaux, le compte rendu de l'autopsie qui fut faite, dans les premiers jours de juin, du corps de M. Sabattier.

« Le 3 juin, le docteur Levrat, appelé à constater le nombre et la nature des blessures reçues par l'abbé Sabattier, n'a pas compté moins de huit trous de balle. La mâchoire inférieure est brisée par trois coups de feu; une balle a pénétré par l'œil gauche, elle est ressortie en brisant le crâne et projetant la cervelle. Deux coups de feu ont traversé la poitrine, et l'on voit deux trous de balle au milieu du ventre. Mais, hélas! les misérables qui l'ont frappé ne se sont pas contentés de ce simple assassinat; en retirant la victime de la bière pour la transférer dans son dernier cercueil de plomb, on a constaté que les meurtriers s'étaient livrés sur le malheureux prêtre qui avait cessé de vivre à des violences inouïes. Ils l'ont frappé de la crosse des fusils et à coups de talon, et lui ont brisé les membres l'un après l'autre; il leur semblait que le mort n'avait pas assez souffert, et ils se vengeaient par d'inutiles et horribles mutilations de sa courte agonie[1]. »

L'Église de Paris fit des obsèques triomphales aux martyrs qui venaient ajouter de nouveaux fastes à sa glorieuse histoire. Le mercredi 7 juin, dans l'église métropolitaine, cinq cercueils étaient rangés : ils renfermaient les corps de Mgr Darboy, archevêque de Paris, de Mgr Surat, vicaire général, de M. Deguerry, curé de la Madeleine, de M. Bécourt, curé de Notre-Dame de Bonne-Nouvelle, et de M. Sabattier, second vicaire de Notre-Dame de Lorette. Les funérailles étaient présidées par Mgr Allouvry, ancien évêque de Pamiers, en présence du Nonce, de plusieurs évêques, d'un clergé nombreux, de l'Assemblée nationale et d'une foule immense.

Huit jours plus tard, le 15 juin, Notre-Dame de Lorette fit à son tour de touchantes funérailles au prêtre grâce auquel la jeune église pouvait inscrire sur ses fastes le nom d'un martyr.

Sa mémoire ne périra pas. Son nom avait dû être inscrit dans l'église, sur une plaque de marbre, comme le nom de M. Deguerry à la Madeleine et celui de M. Bécourt à Notre-Dame de Bonne-Nouvelle. Malheureusement, des obstacles

---

1. *Le Figaro.*

se sont opposés à l'exécution de ce projet ; il recevra, nous a-t-on dit, une prochaine réalisation: alors, en regard du nom de M. de Rolleau, on pourra lire celui de son vicaire, et les murs mêmes de l'église garderont le souvenir des deux prêtres qui lui ont consacré, l'un toute sa vie, l'autre sa mort.

Après les jours néfastes de la Commune, M. de Rolleau, quoique bien âgé, put encore employer dix années au service de sa chère église. Bientôt il ne resta plus aucune trace matérielle de la profanation du temple, et le culte reprit sa splendeur d'autrefois.

Le 19 janvier 1881, M. de Rolleau mourut subitement, et sa mort fut une édification pour le clergé de la capitale, car « il mourut pauvre, ce curé d'une des plus riches paroisses de Paris. » Des sommes énormes qui lui étaient passées par les mains il ne laissa rien : tout s'en était allé aux pauvres et aux bonnes œuvres. Il avait coutume de dire en riant : « Si quelqu'un attend après mon héritage, il sera bien attrapé. » Personne ne fut *attrapé,* car personne n'*attendait.*

Peu de temps après sa mort, l'inscription suivante fut placée dans l'église, pour perpétuer le souvenir du prêtre à qui deux ans seulement

avaient manqué pour célébrer ses noces d'or pastorales :

A LA MÉMOIRE
DE VÉNÉRABLE ABBÉ
ÉTIENNE THÉODORE
DE ROLLEAU
CHANOINE HONORAIRE DE PARIS
PREMIER CURÉ[1]
DE NOTRE-DAME DE LORETTE
1833-1881.

---

1. Il y a là une erreur matérielle dont on devine aisément l'origine : M. de Rolleau est le premier Curé de Notre-Dame de Lorette qui ait pu jouir de l'église actuelle, mais en réalité il est le troisième Curé de la paroisse Notre-Dame de Lorette.

ARTICLE IV

MONSIEUR DUMAS, QUATRIÈME CURÉ
1881-1885

Notice sur M. Dumas. — Érection d'un chemin de croix. — Confrérie de la Bonne-Mort. — Maladie et mort de M. Dumas.

Le jeudi 7 avril 1881, l'église Notre-Dame de Lorette était en fête : après un deuil de plusieurs mois elle recevait son nouveau pasteur, qui lui était présenté par M. l'abbé Lagarde, archidiacre de Notre-Dame. L'élu de Mgr Guibert était M. l'abbé Dumas. Né en 1819 au diocèse de Mende, ordonné prêtre en 1843, Ernest Dumas, après douze ans de ministère dans son pays d'origine, était entré dans le diocèse de Paris, où il avait successivement rempli les fonctions vicariales à Saint-Martin, à Saint-Philippe du Roule, à Notre-Dame, à Saint-Louis d'Antin et à Saint-Vincent de Paul. Promu en 1875 à la cure de Saint-Médard, il y avait exercé pendant six ans le ministère pastoral. Ainsi préparé à ses nouvelles fonctions, il semblait devoir remplir à Notre-Dame de Lorette un long et fructueux ministère. Dieu en avait disposé autrement : son passage dans cette église ne fut guère qu'une longue et douloureuse préparation à la mort.

M. Dumas fut pourtant assez heureux pour faire ériger dans l'église un chemin de croix et une confrérie de la Bonne-Mort. Le rapprochement de ces deux œuvres avec la maladie et la mort qui devaient bientôt assaillir le pasteur, a inspiré à son panégyriste d'éloquentes réflexions : « Pourquoi commencer par là ? Être condamné par la maladie à l'inaction, porter une lourde croix, suivre un chemin où il fera de douloureuses stations, voilà le sort qui l'attend. En a-t-il le pressentiment ? On serait tenté de le croire. L'érection d'un chemin de croix lui rappellera les souffrances de son Maître et l'encouragera à supporter vaillamment les siennes. M. Dumas songe à la mort ; il est vrai que parfois il a l'espérance d'une guérison prochaine, mais parfois aussi la vision de la mort lui apparaît. Établir une confrérie de la Bonne-Mort, c'est assurer des prières à son agonie et les suffrages de l'Église à son décès. Homme de foi, vous m'apprenez à bien mourir, je vous en sais gré[1]. »

Le 5 mars 1885, M. Dumas rendait son âme à Dieu. Il ne fit que passer à Notre-Dame de Lorette ; mais l'édification qu'y donnèrent sa piété, son courage, sa résignation, sa mort vraiment sacerdotale, nous invitent à modifier pour lui le mot de l'Écriture et à résumer ainsi son séjour à Notre-Dame de Lorette : Il est passé en bien mourant, *pertransiit bene moriendo.*

---

1. M. l'abbé Caron, *Semaine religieuse de Paris*, 23 mai 1885.

ARTICLE V

MONSIEUR CAILLEBOTTE, CINQUIÈME CURÉ
1885

Notice sur M. Caillebotte. — Transformation du sanctuaire. — Restauration de trois autels. — Les écoles chrétiennes. — Projet de chapelle des catéchismes.

Pour la seconde fois en quatre ans, Mgr Guibert avait à nommer un curé de Notre-Dame de Lorette : le choix du Cardinal se porta sur M. l'abbé Caillebotte, curé de Saint-Georges.

Né à Paris en 1834 sur la paroisse Saint-Germain l'Auxerrois, baptisé à Saint-Eustache à cause de la fermeture temporaire de la paroisse royale, ordonné prêtre en 1858, M. Alfred-Marie Caillebotte fut successivement vicaire à Saint-Jean-Baptiste de Belleville, directeur du petit séminaire Saint-Nicolas du Chardonnet, second

ÉCOLE CHRÉTIENNE DES FRÈRES (18, rue Latour d'Auvergne)

vicaire à Saint-Antoine, premier vicaire à Saint-Germain de Charonne : c'est là que la confiance de Mgr l'Archevêque alla le prendre, en 1873, pour le nommer administrateur de la nouvelle paroisse Saint-Georges, érigée dans le voisinage des Buttes-Chaumont, sur un territoire emprunté aux paroisses de Belleville, de la Villette et de Saint-Joseph. Avant d'*administrer* il fallait créer ; tout sortit rapidement de terre : église, chapelle des catéchismes, sacristie avec son mobilier complet, école de frères, école de sœurs, orphelinat, école maternelle, fourneau économique, patronage, ouvroir professionnel. Cette simple énumération fait deviner quel travail dut s'imposer le nouvel administrateur, bientôt curé de Saint-Georges, quelle activité il dut déployer, quelles ressources il lui fallut trouver : « Gardez-vous, disait plus tard son Archidiacre, gardez-vous de demander au généreux pasteur le total de ses dépenses personnelles, il ne vous le dirait pas : c'est un secret entre Dieu et lui [1]. »

M. Caillebotte avait passé douze ans à Saint-Georges, lorsqu'il fut appelé à recueillir la succession de M. Dumas. Il fut installé le 20 mai

---

1. M. l'abbé Caron, *Semaine religieuse de Paris*, 23 mai 1885.

1885, par M. l'abbé Caron, archidiacre de Notre-Dame, en présence du R. P. Pététot, supérieur général de l'Oratoire, de M. Legrand, vicaire général et curé de Saint-Germain l'Auxerrois, d'un grand nombre d'ecclésiastiques et d'une foule de fidèles, de son ancienne et de sa nouvelle paroisse.

Ce n'était pas un poste de repos que l'Archevêque de Paris confiait à M. l'abbé Caillebotte. Il y avait encore beaucoup à faire, et le nouveau Curé a fait beaucoup. Dans l'église le maître-autel a été restauré et avancé au milieu du sanctuaire, ce qui a permis de donner place au chœur de chant derrière l'autel, d'y ériger un orgue d'accompagnement[1], et de créer entre les deux

---

1. L'inauguration de cet orgue donna lieu, le 20 décembre 1886, à une cérémonie d'un caractère à la fois très religieux et très musical. Avant de bénir l'orgue, M. l'abbé Millault, curé de Saint-Roch, prononça une allocution que la *Semaine religieuse* de Paris a conservée (numéro du 25 décembre 1886). Nous aimons à en citer cette définition de l'orgue :

« L'orgue, c'est tout un orchestre ; un organiste, c'est une puissance : il charme et il pulvérise ; il a des sons pleins de douceur et les éclats du tonnerre ; il est dans l'armée de la musique, ce qu'est un général d'artillerie dans l'armée des combats ; il domine les multitudes, il les fait taire au besoin, et il tient la foudre entre ses mains. En 1871, il prit fantaisie à une troupe de gens de la Commune d'entrer dans notre église (Saint-Roch) pendant l'office ; mais aussitôt l'organiste, qui était un homme d'esprit, M. Darnault, les accabla de tels tonnerres que

sacristies une communication plus rapide et plus discrète : le tout au grand profit de la dignité dans les cérémonies. La chapelle de la Sainte-Vierge a reçu à son tour une disposition qui la rend plus apte à l'exercice du culte, et son autel, un peu trop simple, a cédé la place à un autre moins indigne de la Mère de Dieu. Un autel a été érigé en l'honneur de saint Joseph et, s'il plaît à Dieu, un autre le sera en l'honneur de saint Jean, pour réaliser le vœu du concile de Trente, qui désire « qu'en souvenir des églises détruites pour une cause quelconque, on érige, dans l'église sur le territoire de laquelle elles se trouvaient, autant d'autels avec le même vocable qu'elles portaient[1]. »

En dehors de l'église, il a fallu s'occuper de l'œuvre, si importante, de l'éducation des enfants. Les Frères avaient été logés provisoirement dans un local situé en dehors de la paroisse[2] : depuis 1890, ils occupent une école construite spécialement pour eux[3], et où l'utile le dispute à l'agréable. De plus, un terrain de douze cents mètres a été

---

les pauvres malheureux, ahuris, éperdus, ne pouvant plus s'entendre ni se comprendre, prirent le parti de s'en aller. »
1. Concile de Trente, session XXI, chap. VII.
2. Rue Chaptal, sur la paroisse de la Sainte-Trinité.
3. Rue de la Tour-d'Auvergne, 18. Voir la gravure, p. 103.

acheté[1], où doivent s'élever, dans un avenir prochain, une chapelle de catéchismes, une école chrétienne de jeunes filles, un ouvroir et une maison de charité. La vue ci-contre donne une idée de ce que sera ce vaste édifice, pour l'achèvement duquel, comme pour beaucoup d'autres motifs, nous souhaitons au curé de Notre-Dame de Lorette un long séjour parmi nous : *ad multos annos!*

1. Rue Choron, 8.

PROJET D'ÉCOLE DES SŒURS ET DE CHAPELLE DES CATÉCHISMES (rue Choron, 8)

SECONDE PARTIE

DESCRIPTION DE L'ÉGLISE

« Quoi, Monsieur, vous seriez à Paris depuis trois mois, dites-vous, et vous n'auriez pas encore été voir l'église de Notre-Dame de Lorette ! Mais il faut y aller ! » Ainsi débute *ex abrupto* une petite brochure consacrée à notre église dès l'époque de sa consturuction[1].

Aujourd'hui encore, on ferait assurément le même reproche aux étrangers qui séjourneraient dans la capitale sans faire une visite à Notre-Dame de Lorette. C'est à eux que s'adresse plus spécialement cette partie de notre étude. Mais en l'écrivant, nous avons aussi pensé aux paroissiens. Connaissent-ils bien leur église ? Connaissent-ils bien, surtout, ces quatre chapelles de la *vie chrétienne,* qui devraient être pour eux une prédication de tous les jours ? Qu'ils ne craignent pas de visiter, d'étudier leur église. On

---

1. *Notre-Dame de Lorette en France*, 1838.

n'aime bien, dit la sagesse scolastique, que ce que l'on connaît bien : *nil volitum nisi præcognitum.* Dès qu'ils connaîtront mieux la maison de Dieu qui est aussi la leur, ils l'aimeront davantage.

Voici l'ordre que nous suivrons dans cette description de l'église. Nous parlerons d'abord de son style et de son caractère général ; puis, entrant dans le détail, nous en décrirons l'extérieur, l'intérieur, — nef, chœur et bas-côtés — en réservant une étude plus approfondie aux quatre chapelles de la *vie chrétienne.*

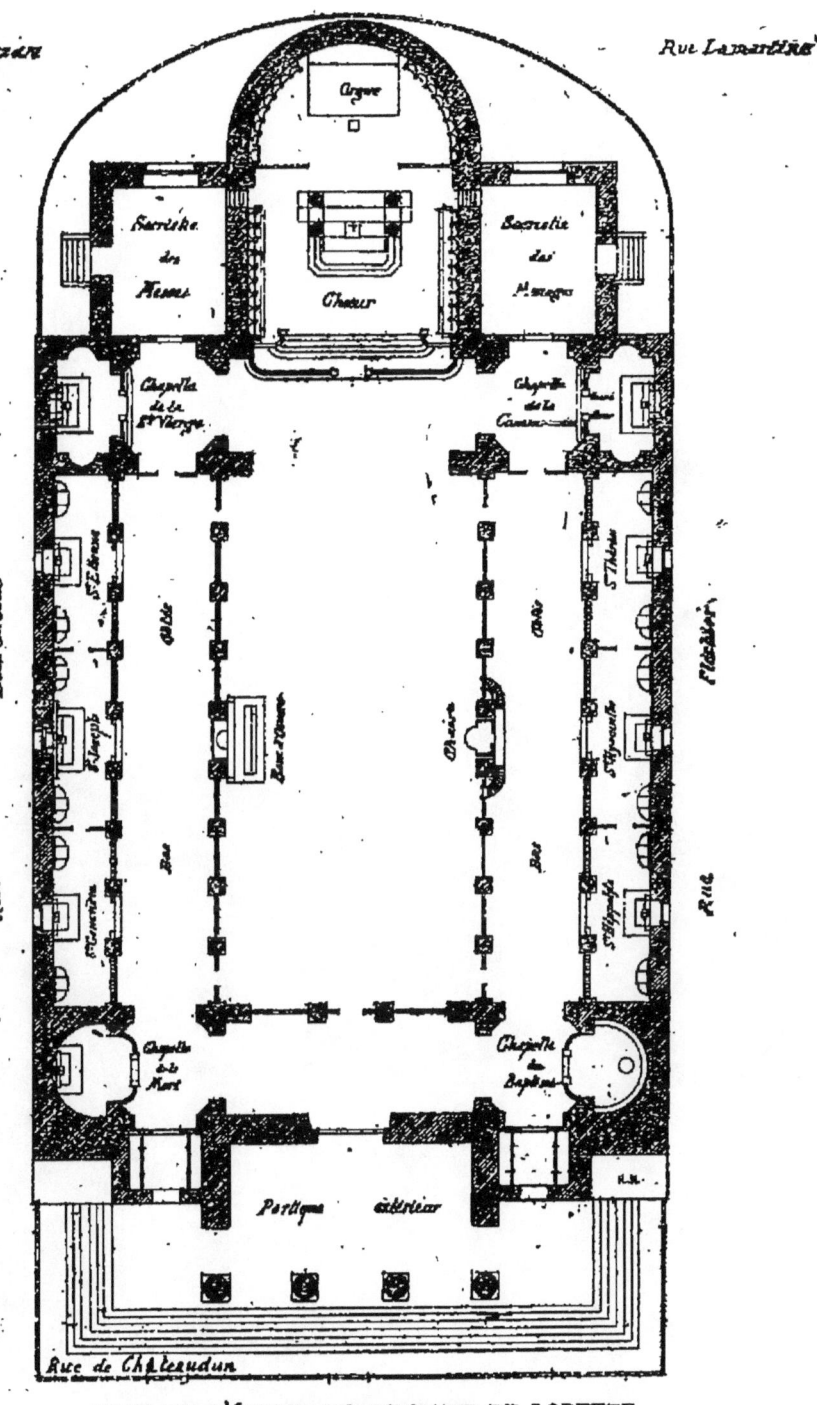

PLAN DE L'ÉGLISE NOTRE-DAME DE LORETTE

CHAPITRE PREMIER

STYLE ET CARACTÈRE DE L'ÉGLISE

L'église Notre-Dame de Lorette est construite dans le style néo-romain. Elle rappelle et imite les premières basiliques chrétiennes, dont on connaît l'origine.

Chez les païens de Rome, on nommait *basilique* le lieu où l'empereur rendait la justice. Lorsqu'après trois siècles de persécution l'Église sortit des catacombes et put vivre au grand jour, elle ne voulut pas adopter, pour les églises qu'elle allait ériger au vrai Dieu, la forme des temples païens, souillés par l'usage auquel ils avaient servi jusque-là. Ce furent les basiliques, édifices purement civils, qui servirent de modèles à nos premières églises, et la dénomination même en fut conservée. Ce ne fut que plus tard que l'on songea aux voûtes cintrées et ogivales, et que l'architecture chrétienne prit ce caractère nettement tranché qui fait, au premier coup d'œil, distinguer une église d'un édifice quelconque.

A Rome, et aujourd'hui encore, la plupart des principales églises ont la forme des anciennes basiliques : nous citerons seulement Sainte-Marie-Majeure et Saint-Paul hors les murs.

Au moment où s'ouvrit le concours pour l'érection d'une église dans le faubourg Montmartre, aucun édifice de ce genre n'existait à Paris [1]. Hippolyte Le Bas pensa qu'un spécimen des temples chrétiens ne serait pas sans intérêt dans la capitale, et il présenta le projet que l'on sait. Mais à peine fut-il adopté que les critiques affluèrent : « Une église, s'écriait-on, est à peine achevée dans un genre, qu'une seconde s'élève dans un autre, qui n'aura rien de pareil aux deux premières. Il est évident que l'art flotte au gré, pour ne pas dire au caprice, de l'esprit humain : heureuse la société, s'il n'y avait de livré aux expériences de l'homme que la seule architec-

---

[1]. La capitale possède aujourd'hui, dans le même style, l'église Saint-Vincent-de-Paul.

ture !... L'art sommeillait ; il semble vouloir se réveiller : à quel point reprendra-t-il son ouvrage? Jusqu'à présent, ce ne serait pas à celui où il l'aurait eu laissé. Du XVIIIe siècle nous sommes reportés au IVe de l'ère chrétienne : nous voilà de retour aux basiliques de l'Église naissante. Encore n'est-il pas dit qu'on nous fera grâce des catacombes et de leurs cryptes : et, pas moins, cela s'appellera avancer, progresser [1] ! »

Si encore on s'était contenté de ces reproches purement artistiques! Mais d'autres allaient plus loin, et déclaraient nettement la nouvelle basilique incompatible avec l'esprit chrétien. « Il y a répulsion complète et profonde, écrivait Montalembert, entre l'idée chrétienne et des anachronismes comme Notre-Dame de Lorette... Quand finira-t-on de voir s'élever, avec l'approbation du clergé ou par ses soins directs, des édifices comme Notre-Dame de Lorette..., indignes masures dont les formes lourdes et étriquées à la fois ne sont conformes qu'au génie classique et païen ? » Et l'éminent écrivain terminait ces critiques et d'autres aussi acerbes par cette déclaration : « Quant à nous, si nous avions l'honneur d'être évêque ou curé, il n'y a pas de force hu-

---

1. *Notre-Dame de Lorette en France*, p. 3-4.

maine qui pût nous contraindre à consacrer des églises comme Notre-Dame de Lorette¹. »

La véhémence n'est pas toujours la vérité. Sans doute, nos habitudes et même, si l'on veut, nos tendances à la prière se trouvent plus à l'aise dans un temple dont la plantation même est une croix, et dont les piliers élancés, les voûtes élevées semblent indiquer et ouvrir à l'âme le chemin du ciel. A ce point de vue Notre-Dame est préférable à la Madeleine, Saint-Eustache à Saint-Vincent de Paul, et, pour comparer deux églises récentes, Sainte-Clotilde à Notre-Dame de Lorette. Mais de là à blâmer un évêque d'avoir consacré ce dernier temple, il y a loin. « L'Église n'a aucun style qui lui soit propre. Elle les admet tous selon les temps et les lieux, se contentant de les adapter à ses besoins. Il y a donc sur ce point la plus grande liberté pour l'architecte². » Telle est la vraie manière de penser, la vraie règle de l'Église. Elle ne croit pas qu'une voûte soit indispensable pour élever l'âme à Dieu, et elle se souvient du temps de sa première jeunesse, où elle priait,

---

1. *Revue des deux mondes*, 1ᵉʳ décembre 1837.
2. Mgʳ Barbier de Montault, *Traité pratique de la construction, de l'ameublement et de la décoration des églises*, 1878, t. I, ch. vii.

sans ogive, dans les catacombes et dans les basiliques.

La question n'est donc pas religieuse, mais artistique. Elle se réduit à ceci : « Pourquoi l'architecte a-t-il imité une basilique, plutôt qu'une église romane ou ogivale ? » Il y avait à cela plusieurs raisons, et tout d'abord une raison pécuniaire. Le Bas se trouvait limité, par le programme, à un chiffre de dépenses que son devis ne devait point dépasser; or « le style basilical est simple, majestueux, économique, » dit l'auteur que nous citions tout à l'heure[1]. De plus, « ne convient-il pas, pour juger impartialement les œuvres d'art, de se reporter à l'époque à laquelle elles appartiennent, et de tenir compte du goût, du courant des idées et enfin des influences prédominantes auxquelles les artistes ne sauraient se soustraire[2] ? » Or la date du concours est 1822 ; à cette époque la réaction heureuse en faveur de l'ogive n'était même pas commencée ; c'était le temps où l'on élevait la Madeleine sur le modèle des temples païens. En ne perdant pas de vue ces souvenirs, on trouvera peut-être que le projet de Le Bas fut une réaction en faveur

---

1. L'église tout ornée a coûté 2,050,090 francs.
2. Vaudoyer, *Notice sur M. Le Bas*, p. 9.

de l'art chrétien : réaction timide, il est vrai, et qui devait aller beaucoup plus loin dans l'avenir; mais enfin, l'architecte se dit « qu'imiter pour imiter, peut-être était-il plus sensé de copier une basilique chrétienne qu'une salle de thermes ou un temple païen ¹. » Et de cela il faut lui savoir gré.

Une autre cause, cependant, excitait des critiques plus acerbes encore. Une basilique n'est acceptable comme église qu'à condition d'être ornée, parée, enrichie de sculptures ou de peintures, sans lesquelles on risquerait, en effet, de la confondre avec un édifice purement civil. Cette règle fut suivie à Notre-Dame de Lorette. Mais dès que l'église fut ouverte au culte, les peintures et les dorures, attirant l'œil par leur éclat et leur verdeur, sans que le temps les eût adoucies, sans que des verrières de couleur vinssent en atténuer l'effet, parurent d'une richesse excessive et soulevèrent des critiques sans nombre. On ne peut ouvrir une Description de Paris à cette époque sans y trouver des attaques qui pourraient se résumer en un mot : « C'est trop beau pour une

---

1. Viollet-le-Duc, *les Églises*, dans *Paris-Guide*, 1867.

église ! » « Elle ressemble, disait l'un [1], à un magnifique salon, à un splendide musée, à une salle superbe..., mais fort peu au temple d'un Dieu de pauvreté et d'humilité. » « L'église de Notre-Dame de Lorette, écrivait un autre [2], est charmante et pleine de coquetterie. C'est là son plus grand défaut. Elle ressemble aussi bien à à une salle de concert qu'à une église. » C'était encore des comparaisons où le mot « boudoir » était le plus employé [3], et des objurgations contre l'architecte « qui semblait avoir voulu abaisser la religion à tous les caprices de la mode [4], » et jusqu'à des anathèmes contre le costume du suisse, « qui avait jeté aux orties son classique habit rouge et son large baudrier, pour endosser l'uniforme du général Jacqueminot [5] ! »

Ici encore on est allé beaucoup plus loin que la vérité, et surtout on a jugé trop vite. L'architecte Pigeory était plus juste et plus perspicace

---

1. E. Texier, *Tableau de Paris*, t. II, p. 100.
2. J. de Gaulle, *Nouvelle histoire de Paris et de ses environs*, 1839, p. 616.
3. Théophile Gautier, *Revue des deux mondes*, 1ᵉʳ septembre 1841 ; Touchard Lafosse, *Histoire de Paris*, t. IV, p. 958 ; Barbier, *Biographies du clergé contemporain*, M. Ollivier, etc.
4. Lazare, *Dictionnaire administratif et historique des rues de Paris*, p. 494.
5. *Idem.*

en se contentant de dire: « On a peut-être un peu outré ces ornements, qui ne sont pas suffisamment tempérés par les teintes plus sombres des vitraux et par les dimensions de l'édifice, comme par exemple à Saint-Vincent de Paul[1]. »

Somme toute, le véritable excès, dans toutes ces décorations, était un excès de jeunesse : mal provisoire et guérissable à coup sûr. « Partout, dit un visiteur de l'église en 1836, partout les couleurs apparaissent vives, fraîches, reluisantes de vernis, l'or des cadres étincelle[2]. » Le temps a tout adouci, couleurs, dorures et critiques. Nous en citerons un exemple curieux. En 1844, un *cicerone* parisien ne trouvait pas d'expressions assez vives pour blâmer « cette église élégante, drapée, fleurie comme un boudoir. » Il y en avait toute une page sur ce ton[3]. Or, onze ans plus tard, l'ouvrage arrivait à une seconde édition. Cette fois, la page violente de 1844 est entièrement supprimée, et remplacée par cette simple observation : « Notre-Dame de Lorette est un de ces édifices religieux qui rappellent les églises de l'Italie.

---

1. F. Pigeory, *Les monuments de Paris au XIX⁰ siècle*, 1849, p. 150.
2. E. Texier, *Tableau de Paris*, t. II, p. 100.
3. F. et L. Lazare, *Dictionnaire administratif et historique des rues de Paris*. 1ʳᵉ édition, 1844, v⁰ Notre-Dame de Lorette.

C'est en quelque sorte un spécimen curieux, ayant sa raison d'être dans une ville comme Paris, dont le magnifique panorama plaît surtout par la diversité, les contrastes que présentent les œuvres de nos artistes [1]. »

L'apaisement s'est donc fait, le style basilical a conquis droit de cité parmi nous, et si quelques-uns s'élèvent encore, timidement, contre la riche ornementation de l'église, « on leur répond qu'il n'y a rien de trop beau pour Dieu, et cette réponse reste sans réplique [2]. »

---

1. Même ouvrage. 2ᵉ édition, 1855.
2. M. l'abbé Caron, *Semaine religieuse de Paris*, 23 mai 1885.

CHAPITRE II

VISITE DE L'ÉGLISE

ARTICLE PREMIER

L'EXTÉRIEUR

Vue de l'extérieur, l'église Notre-Dame de Lorette n'offre rien de très remarquable. Elle occupe un rectangle de 70 mètres de long sur 32 de large [1], dont trois côtés se composent de murs nus et unis ; on se rappelle, en les voyant, ce début d'une description de l'église ; « Il est, au centre de la Chaussée d'Antin, un tas de pierres de taille [2]... »

---

1. Les renseignements techniques que nous donnerons souvent désormais, sont empruntés à une publication officielle du Ministère de l'Instruction publique et des beaux-arts : *Histoire et description de l'église Notre-Dame de Lorette*, par L. Michaux.
2. Barbier, *Biographies du clergé contemporain* : M. de Rolleau.

Le quatrième côté, c'est-à-dire la façade, est précédé d'un portique corinthien, formé de quatre colonnes supportant un fronton triangulaire. Il faut l'avouer, ce portique emprunté à l'antiquité païenne n'est pas à sa place à l'entrée d'un temple chrétien. C'est comme une concession faite par l'architecte aux préventions de son époque, et « l'on peut dire aux personnes qui demandent ce que fait là ce portique corinthien avec fronton, que c'est grâce à cet accessoire antique que la basilique chrétienne a pu passer[1]. »

D'ailleurs, la décoration du porche contribue à lui rendre le caractère chrétien. La frise qui surmonte les colonnes porte cette inscription : *Beatæ Mariæ Virgini Lauretanæ,* « à Notre-Dame de Lorette. » Le fronton est orné d'un bas-relief de Lebœuf-Nanteuil, *Hommage à la Vierge,* représentant les anges aux pieds de Marie et de son divin Fils. Enfin, aux angles du fronton, s'élèvent trois belles statues personnifiant les trois vertus théologales ; à droite, la *Foi,* par le célèbre Foyatier ; à gauche, l'*Espérance,* par Lemaire ; au centre, *la Charité* secourant deux enfants, par Laitié.

---

1. Viollet-le-Duc, *Les Églises,* dans *Paris-Guide,* 1867.

Sous le porche s'ouvre la porte principale de l'église, décorée de bulles de fonte. « L'architecte a heureusement remédié à l'inconvénient d'une seule porte, qui existe à la Madeleine, en en plaçant deux petites sur les côtés. La difficulté du clocher a été vaincue, autant du moins qu'elle pouvait l'être, par le campanile qui surplombe la coupole[1]. »

Lorsqu'on pénètre dans l'église par les portes latérales, on voit à droite et à gauche, après les avoir franchies, quatre inscriptions rappelant : 1º la pose de la première pierre par le comte Chabrol de Volvic, préfet de la Seine ; — 2º les soins donnés à l'église par le comte de Rambuteau, successeur de M. de Chabrol ; — 3º le nom de l'architecte, Louis-Hippolyte Lebas ; — 4º la consécration de l'église par Mgr de Quélen, archevêque de Paris.

---

1. Pigeory, *Les monuments de Paris*, 1849, p. 153.

ARTICLE II

L'INTÉRIEUR : LA NEF ET LE CHOEUR

Pénétrons dans l'église et, après avoir adoré Jésus-Christ présent sous le saint lieu, plaçons-nous sous le vestibule et jetons sur l'édifice un coup d'œil d'ensemble, avant de le visiter en détail.

Devant nous s'étend la nef : le vestibule en est séparé par deux colonnes ioniques en pierre, à laquelle on est parvenu à donner le poli du marbre. Trente-deux autres colonnes semblables se dressent dans l'église : seize séparent la nef des bas-côtés, seize autres séparent ceux-ci des chapelles latérales.

A droite et à gauche du vestibule, nous apercevons deux chapelles ornées de peintures : ce sont deux des quatre chapelles de la vie chrétienne ; nous les visiterons plus tard. Entrons de suite dans la nef.

Les colonnes qui limitent la nef supportent, à droite et à gauche, un entablement au-dessus duquel se dresse un mur percé de trois baies rectangulaires. Le plafond qui recouvre la nef est divisé en caissons, les uns carrés, les autres en forme de croix, ornés de rosaces, de palmettes et de couronnes avec le monogramme de Marie : le tout est d'un riche et heureux effet, et diminue les regrets de ceux qui déploraient l'absence de voûte.

La *chaire* occupe le cinquième entrecolonnement de droite [1]. Elle est en chêne. Sur un soubassement rectangulaire, la tribune forme une saillie en forme de demi-cercle, et des deux côtés se dressent deux statues en bois, par Elshoëcht, représentant des Séraphins et destinées à supporter l'abat-voix. On accède à la tribune par un double escalier tournant à rampe de fonte dorée.

L'ensemble de cette chaire laisse une impression de force, de majesté et de simplicité : triple attribut de la parole de Dieu qui doit y être annoncée.

1. Les indications de *droite* et de *gauche*, que nous aurons souvent occasion d'employer, signifient dans ce livre : *à droite* ou *à gauche du visiteur*.

Vis-à-vis la chaire s'étend le *banc d'œuvre,* surmonté d'une statue en bois d'Elshoëcht, *la Vierge et l'enfant Jésus :* Marie, debout sur un globe, foule aux pieds le serpent infernal ; c'est l'emblème de l'Immaculée-Conception.

Au-dessus du vestibule est la tribune des *orgues,* renfermées dans un buffet d'une grande simplicité. Ces orgues offrent un intérêt archéologique, car ce sont les premières qu'ait produites le célèbre facteur Cavalié-Coll. Malheureusement l'archéologie ne s'entend pas, et l'on préférerait dans cet instrument moins de dignité et plus de perfection. Ajoutons que la place qu'il occupe en arrière du grand arc lui fait perdre une notable partie de sa sonorité.

Conformément au programme qui a présidé à la construction de l'église [1], les trumeaux qui séparent les fenêtres sont occupés par de grandes *peintures* murales, ayant près de quatre mètres en hauteur, et de deux à cinq mètres en largeur.
Avant d'en aborder l'énumération, nous devons signaler un reproche souvent fait aux peintures de Notre-Dame de Lorette. On les accuse en

---

1. Voir plus haut, p. 62.

grand nombre de manquer de caractère religieux. « Parce que tous ces messieurs, de talents et de styles si divers, ont reçu des commandes religieuses, il ne s'ensuit pas qu'ils aient tous dessiné ou sculpté des saints, des saintes, des vierges et des Christs de bon aloi [1]. »

Il serait injuste d'étendre cette critique à toutes les peintures d'une église où ont travaillé et prié Orsel et Perrin ; mais, restreinte à quelques-unes, elle n'est malheureusement pas sans fondement. A côté d'œuvres de foi, nous en trouvons qui ne sont que des œuvres d'art, et nous en signalerons quelques-unes au passage. La raison de ce fait est très simple : l'artiste et le poète n'expriment bien que ce qu'ils sentent, ne rendent avec vérité que ce qu'ils voient. On devrait donc ne confier des peintures religieuses qu'à des hommes ayant le sens religieux. On ne le fait pas toujours, et alors qu'arrive-t-il ? Le *Journal des Débats* va nous le dire, précisément à propos de Notre-Dame de Lorette : « On veut peindre une scène religieuse, et le tableau, quand il est achevé, présente une scène de théâtre ; où le sujet indique une vierge, j'aperçois une figurante ; je cherche le portrait d'une sainte, et je trouve,

---

[1]. E. Texier, *Tableau de Paris*, 1852, t. II, p. 100.

sous un pinceau fort séduisant d'ailleurs, une femme du monde en habit monastique [1]. »

Voilà le mal ; quant au remède, il est facile à trouver, et Montalembert l'a indiqué en termes fort clairs dans leur familiarité : « Nous demandons pardon de la trivialité de la comparaison : mais, en vérité, c'est le cas de renouveler la fameuse recette de la *Cuisinière bourgeoise,* et de dire : Pour faire une œuvre religieuse, prenez de la religion [2]. »

Sous le bénéfice de ces observations, qu'il serait injuste, encore une fois, d'étendre à toutes les œuvres de l'église, nous abordons l'énumération des peintures.

Les huit grandes compositions qui ornent à droite et à gauche les murs de la nef sont consacrées à la *Vie de la Sainte Vierge.* Pour les voir selon leur ordre, il faut commencer par le bas de la nef, à droite, et, une fois arrivé à la grille de communion, passer à gauche et revenir ainsi jusqu'au vestibule. En suivant cette marche, les tableaux se présentent dans l'ordre suivant :

1° *La Naissance de la Vierge,* par Monvoisin, — Deux anges effeuillant des roses sur la tête

---

1. Cité par l'*Ami de la religion,* 17 décembre 1836.
2. *Revue des Deux-Mondes,* 1ᵉʳ décembre 1837.

de Marie, couchée sur les genoux de sainte Anne, sa mère.

2º *La Consécration de la Vierge,* ou Présentation de Marie au Temple, par Vinchon. — Le grand-prêtre reçoit des mains de sainte Anne la jeune Vierge et lui impose le voile, symbole de sa consécration au service de Dieu.

3º *Le Mariage de la Vierge,* par Langlois. — Marie et Joseph sont unis par le grand-prêtre, tandis que l'Esprit-Saint plane au-dessus d'eux.

4º *L'Annonciation,* par Dubois.

5º En regard du tableau précédent, *la Visitation* de Marie à sainte Elisabeth, par Coutan. — Le peintre a adopté la tradition qui fait participer saint Joseph à ce voyage.

6º *L'Adoration des Bergers,* par Hesse, — un des tableaux les plus remarquables de cette série.

7º *L'Adoration des Mages,* par Granger.

8º *L'Assomption de la Vierge,* par de Juinne.

Outre cette série, la nef présente encore quatre grandes figures : *les Prophètes,* par Schnetz. L'arcade limitant la tribune des orgues contient, dans l'écoinçon de gauche, *Isaïe,* et dans celui de droite, *Daniel.* L'arcade opposée, vers le chœur, présente, à gauche, *Jérémie,* et à droite *Ézéchiel.* Ces sujets sont supérieurement traités, et la vue de ces prophètes laisse dans l'esprit une impression de force et de grandeur.

Le *chœur*, élevé de six degrés au-dessus de la nef, se compose d'une partie rectangulaire que surplombe une coupole, et d'un hémicycle formant le chevet de l'édifice. Primitivement, l'autel était installé dans cet hémicycle et adossé au mur de l'église. Depuis 1886, il a été avancé et se trouve aujourd'hui sous la coupole ; nous avons signalé plus haut les avantages de cette modification [1].

Le *maître-autel* est élevé de trois marches. Il est formé d'un soubassement plein en marbre, sur lequel se trouvent appliqués des dessins sur lave, limités et ornementés par des bronzes dorés et émaillés : au centre se détache le chiffre de Notre-Seigneur.

Les deux gradins et le retable comportent une décoration analogue, et le tabernacle, en marbre, a une porte en bronze doré et ciselé représentant un ciboire. Le retable est surmonté de deux grands et beaux reliquaires.

1. Voir page 106.

LE CHŒUR DE NOTRE-DAME DE LORETTE

L'autel est dominé par un baldaquin à fronton triangulaire, soutenu par quatre colonnes monolithes en granit d'Écosse. Derrière tout cet ensemble s'élève une grille monumentale en bronze doré, dissimulant une rampe de gaz qui s'illumine aux jours de fête.

Cet autel ainsi déplacé et restauré [1], a été consacré le 2 décembre 1886, par Mgr di Rende, nonce du pape en France.

Devant l'autel, s'étendent à droite et à gauche les stalles du clergé, surmontées de deux peintures qui n'ont pas moins de sept mètres et demi de longueur sur quatre de hauteur.

A gauche, *la Présentation de Jésus au Temple*, par Heim, de l'Institut. — Le grand-prêtre reçoit Marie, qui s'avance suivie de saint Joseph et portant l'enfant Jésus. Le père nourricier de Jésus apporte dans une corbeille les colombes destinées au sacrifice.

A droite, *Jésus au milieu des docteurs*, par Drolling. — Des grandes peintures de l'église, c'est une des plus remarquables. Le visage des docteurs juifs reflète les divers sentiments qui

---

[1]. La restauration de cet autel a été exécutée par M. Brunet, orfèvre à Paris, sur les dessins de M. Aldroff, architecte.

devaient agiter leur âme tandis qu'ils entendaient le jeune et divin Maître. Derrière Jésus, dont le visage est illuminé d'intelligence et de pureté, s'ouvre une porte, au seuil de laquelle on entrevoit Joseph et Marie, retrouvant enfin celui qu'ils cherchaient depuis trois jours.

La *coupole* qui surplombe l'autel est établie à dix-neuf mètres au-dessus du sol et de la nef. La peinture murale qui la décore n'a pas moins de trente mètres de circonférence, et cent quarante-trois mètres de superficie : elle est due à Delorme et représente la *Translation de la sainte maison de Lorette,* fait miraculeux dont nous avons plus haut résumé l'histoire [1].

Au centre de la composition, la Vierge est assise dans la gloire, ayant à ses pieds la Foi, l'Espérance, la Justice et la Charité. De tous côtés sont groupées des légions d'anges, qui s'écartent pour laisser passer la sainte Maison, portée par quatre esprits célestes et précédée de deux autres anges sonnant de la trompette.

Les pendentifs de la coupole, également dus à Delorme, représentent les quatre évangélistes, reconnaissables à leurs attributs respectifs. On

---

1. Voir page 22.

sait que l'attribut de *saint Mathieu* est un ange ; celui de *saint Marc,* un lion ; celui de *saint Luc,* un bœuf, et celui de *saint Jean,* un aigle.

L'*hémicycle* qui termine le sanctuaire renferme un orgue de chœur, dû aux frères Abbey, de Versailles, et inauguré le 20 décembre 1886, après avoir été bénit par M. l'abbé Millault, curé de Saint-Roch[1].

Au-dessus de l'hémicyle, une *demi-coupole* présente une peinture murale sur fond d'or, *le Couronnement de la Vierge,* par Picot. — Marie est assise, ayant devant elle l'Enfant Jésus, et deux anges élèvent une couronne au-dessus de sa tête, tandis que deux autres chantent ses louanges. A gauche sont représentés saint Paul et saint Jean-Baptiste ; à droite, saint Pierre et saint Mathieu.

La base de cette composition est formée par l'inscription suivante : *Precibus et meritis beatæ Mariæ semper Virginis et omnium sanctorum, perducat nos Dominus ad regna cœlorum.* « Seigneur, par les prières et les mérites de la bienheureuse Marie toujours Vierge et de tous les

---

[1]. Voir la *Semaine religieuse de Paris* (25 décembre 1886), et plus haut, page 106.

saints, faites-nous parvenir au royaume des cieux. »

La muraille inférieure de l'hémicycle est malheureusement d'un aspect glacial, et d'une tonalité qui fait peu ressortir l'autel. Il est question de lui donner une décoration plus riche et mieux en rapport avec la beauté du chœur.

Les petites portes dissimulées de chaque côté de l'autel conduisent aux sacristies. Dans celle de gauche se trouve une grande verrière, *l'Assomption de la Vierge*, exécutée par la manufacture de Sèvres, sur les cartons de Delorme et d'Hippolyte Le Bas. Ce vitrail, qui a coûté plus de onze mille francs, a déjà souffert de l'action du temps.

La sacristie de droite devait être décorée d'une autre grande composition, *Moïse recevant les tables de la Loi :* on a dû renoncer à ce projet, dont l'exécution aurait trop assombri le jour de la sacristie.

ARTICLE III

LES BAS-CÔTÉS

Chacun des bas-côtés dessert cinq chapelles latérales : la première et la dernière de chaque rangée ont une disposition particulière et répondent à un dessein sur lequel nous reviendrons au chapitre suivant. En ce moment, nous ne nous occuperons que des trois chapelles centrales.

Ces chapelles comportent chacune : un autel en lave émaillée de Volvic[1], exécuté par Hittorf, sur les dessins d'Hippolyte Le Bas ; — deux confessionnaux, à droite et à gauche de l'autel ; — une peinture sur toile, au-dessus du retable, représentant le saint en l'honneur duquel la chapelle a été dédiée ; — enfin, des peintures murales reproduisant les principaux épisodes de la vie du saint. Dans chaque bas-côté, ces trois

---

1. Sauf pour la chapelle de Saint-Joseph.

chapelles communiquent entre elles par des portes ajourées à deux vantaux, ouvertes les dimanches et les jours de fête.

Ces remarques d'ensemble s'appliquent aux six chapelles que nous allons maintenant visiter, en commençant par le bas-côté de droite, immédiatement après les fonts baptismaux, pour remonter jusqu'au transept et redescendre par le bas-côté de gauche jusqu'au vestibule de l'église.

I. *Chapelle Saint-Hippolyte.* Elle a reçu cette dénomination en souvenir d'Hippolyte Le Bas, architecte de l'église.

Au-dessus de l'autel, portrait de *saint Hippolyte*, par Bézard [1]. Hippolyte était un soldat romain, qui fut chargé de garder saint Laurent dans sa prison. Il fut converti et baptisé, dans le cachot même, par le saint diacre captif: c'est le sujet que représente la peinture murale de Hesse, à gauche de la chapelle [2].

La conversion d'Hippolyte ayant été connue des païens, le néophyte fut soumis à diverses

---

1. Sur le livre que tient le saint se lit le texte d'une béatitude: « Bienheureux ceux qui souffrent persécution pour la justice. »
2. Dans sa *Description de l'église*, M. Michaux intitule ce tableau: *Saint Hippolyte baptisant son geôlier*. C'est, on le voit, une grosse erreur.

tortures, et condamné enfin à être traîné par des chevaux indomptés. Dans cette sentence, le juge faisait un rapprochement entre le nom du martyr et celui d'Hippolyte, fils de Thésée, qui était tombé de son char, s'était embarrassé dans les rênes et avait été mis en pièces.

Hesse a représenté le martyre de saint Hippolyte, dans la peinture murale à droite de l'autel : c'est un des meilleurs tableaux des chapelles latérales. En retour, se trouve un troisième tableau, de Coutan, représentant les funérailles du héros chrétien.

II. *Chapelle Saint-Hyacinthe*[1]. — Le nom de cette chapelle lui vient de Mgr Hyacinthe de Quélen, archevêque de Paris, qui bénit la première pierre de l'église en 1823 et, treize ans plus tard, en fit la dédicace.

Le portrait du saint, au-dessus de l'autel, est de Madame Varcollier, et les deux grandes peintures latérales sont dues à Alfred Johannot.

Saint Hyacinthe reçut l'habit de frère prêcheur des mains de saint Dominique, le fondateur de

---

[1]. C'est cette chapelle qui doit plus tard être dédiée à saint Jean, en souvenir de l'ancien oratoire de Saint-Jean Porte-Latine. Voir plus haut, page 109.

l'ordre. Il était originaire de Pologne, et il sema dans sa patrie la divine parole avec un zèle que Dieu fit fructifier d'une manière merveilleuse.

Les deux tableaux de Johannot qui ornent cette chapelle représentent deux scènes de la vie du saint : à gauche, la résurrection d'un jeune homme noyé ; — à droite, un autre miracle : la ville où résidait saint Hyacinthe ayant été mise à feu et à sang par les Tartares, le saint sortit de son monastère, tenant d'une main le Saint-Sacrement et de l'autre l'image de la Vierge, et il traversa ainsi l'incendie et le massacre, merveilleusement préservé du feu et de la cruauté des barbares.

III. *Chapelle Sainte-Thérèse.* — Le portrait de la sainte réformatrice du Carmel, qui surmonte l'autel, est signé Decaisne. Les deux peintures murales à droite et à gauche de la fenêtre sont dues à Langlois. La première représente la sainte, jeune encore, se vouant à Marie auprès du lit où sa mère vient de rendre le dernier soupir ; la seconde est une Extase de sainte Thérèse. En retour, un dernier tableau, de Caminade, représente la sainte recevant les derniers Sacrements.

IV. *Chapelle Saint-Étienne.* — Elle est située en regard de la précédente, dans le bas-côté gauche de l'église. Son nom lui a été donné en mémoire de M. l'abbé Étienne de Rolleau, curé de la paroisse au moment où l'église fut consacrée au culte. La vie du premier martyr est trop connue pour que les tableaux de cette chapelle aient besoin de longues explications : il nous suffira d'en donner les titres.

Au-dessus de l'autel, *portrait de saint Étienne*, par Goyet.

A gauche, *saint Étienne visitant une malade*, par Champmartin : les diacres, dont le saint faisait partie, avaient été institués pour suppléer les apôtres dans le soin des malades et des pauvres.

A droite, *saint Étienne conduit au supplice*, par Champmartin.

En retour, *le Martyre de saint Étienne*, par Couder.

V. *Chapelle Saint-Joseph.* — Autrefois cette chapelle était dédiée en l'honneur de saint Philibert, patron de M. de Rambuteau, préfet de la Seine au moment où l'église fut livrée au culte. L'autel était semblable à ceux que nous venons de voir, et il était surmonté d'un portrait de saint

Philibert, signé *Etex*, qui se trouve aujourd'hui dans la sacristie des mariages. Les belles peintures murales, de Schnetz, qui datent de la construction de l'église, restent comme un souvenir du temps où saint Philibert était le patron de cette chapelle : la première représente le saint délivrant un prisonnier chez les Germains; dans l'autre, on le voit secourir une famille de voyageurs.

C'était une pensée heureuse, à plusieurs égards, que celle qui avait présidé à la dénomination des chapelles : elle associait le ciel à la terre, en honorant les saints protecteurs de ceux qui avaient participé plus intimement à l'érection de l'église. Mais l'exécution de ce dessein présentait un inconvénient : la dévotion des fidèles se plaignait de ne pas trouver d'autel dédié à saint Joseph. M. l'abbé Caillebotte, curé de la paroisse, prit à cœur de combler cette lacune. Il fit ériger l'autel et la statue que nous voyons aujourd'hui, et, le 12 décembre 1888, l'autel fut consacré par Mgr Soulé, ancien évêque de la Réunion, et vicaire capitulaire du Chapitre de Saint-Denis.

Le nouvel autel, comme celui du chœur, est dû à M. Brunet, orfèvre parisien. Il est en marbre et en bronze doré. Le soubassement présente un beau bas-relief en bronze : *la Mort de saint Joseph*.

La porte du tabernacle, en émaux cloisonnés, est également remarquable. Au-dessus de l'autel, une statue de marbre représente saint Joseph portant l'Enfant Jésus : elle est due à Destreez et a figuré au Salon de 1890. Deux pilastres en marbre de couleur encadrent cette statue et supportent un fronton, sur lequel se lit une inscription rappelant que cette chapelle jouit de la faveur de l'autel privilégié.

VI. *Chapelle Sainte-Geneviève.* — En 1830, pendant la construction de Notre-Dame de Lorette, l'église Sainte-Geneviève fut enlevée au culte divin pour être réservée aux *grands hommes.* Ce fut une raison de plus, pour l'autorité ecclésiastique, de dédier une chapelle de la nouvelle église à la sainte patronne de Paris.

Le portrait de sainte Geneviève qui surmonte l'autel est de Madame Dehérain. Des trois peintures murales qui retracent des scènes de la vie de notre sainte, deux sont dues à Eugène Devéria : elles n'ont pas peu contribué à attirer aux peintures de Notre-Dame de Lorette le reproche dont nous parlions plus haut[1] : ce sont des œuvres d'art beaucoup plus que des œuvres de religion.

---

1. Voir page 133.

« Je pourrais, dit un critique, relever plus d'une sainte Geneviève à la figure trop éveillée [1]. » Et un autre ajoute : « M. Devéria mérite considération... : j'aimerais voir à l'exposition du Louvre ces merveilleux salmis qu'au nom du goût comme de la foi je trouve ici détestables [2]. » Ces réserves faites, voici les sujets traités dans cette chapelle :

A gauche de l'autel, *sainte Geneviève rendant la vue à sa mère,* par E. Devéria.

En retour : *sainte Geneviève consacrée à Dieu par saint Germain d'Auxerre*. Cette œuvre n'est pas due à Devéria, mais à de Juinne, l'auteur de l'Assomption que nous avons déjà vue dans la nef.

A droite de l'autel : *la Glorification de sainte Geneviève,* par E. Devéria.

En visitant les six chapelles des bas-côtés, nous avons rencontré sur notre chemin les stations du chemin de la croix. Ces beaux tableaux, en émail de Limoges, ont été placés dans l'église en 1881, par les soins de M. l'abbé Dumas, quatrième curé de la paroisse.

---

1. E. Texier, *Tableau de Paris*, t. II, p. 100.
2. Barbier, *Biographies du clergé contemporain :* M. de Rolleau.

CHAPITRE III

VISITE DE L'ÉGLISE (suite)

LES QUATRE CHAPELLES DE LA VIE CHRÉTIENNE

Le chrétien est toujours à sa place dans l'église, et souvent Dieu l'y appelle. Mais il est quatre circonstances où il y est attendu d'une manière plus spéciale, où l'Église le reçoit avec plus de solennité : ce sont les jours de son baptême, de sa première communion, de son mariage et de ses funérailles. Par une idée heureuse, l'architecte de Notre-Dame de Lorette voulut consacrer, à ces grands actes chrétiens, les quatre principales chapelles latérales. Ces chapelles devaient occuper les quatre angles de l'église, — rappeler,

par une disposition identique [1], le lien sacré qui les unissait, — et offrir, par des peintures appropriées à la destination de chacune, une éloquente leçon de choses sur les actes de la vie chrétienne : « ingénieux et grave enseignement, qui rappelle au chrétien les heures solennelles où il ne peut se détourner de l'image de Dieu [2]. »

Ce dessein éminemment chrétien fut approuvé et mis à exécution ; lorsque les chapelles furent construites, en 1833, le préfet de la Seine nomma une commission où figuraient les plus grands peintres de l'époque, Gérard, Guérin, Ingres et Delaroche, avec mission de désigner les artistes à qui serait confié le soin de décorer ces chapelles. Les commissaires choisirent, pour la chapelle du Baptême, Orsel ; pour celle de la Communion, Périn ; pour celle du Mariage, qui devait être dédiée en l'honneur de la sainte Vierge, Roger ; et enfin Blondel pour la chapelle de la Mort. Orsel demanda et obtint de permuter avec Roger, afin de pouvoir faire vis à vis à Périn, son inséparable ami.

Les quatre artistes se mirent à l'œuvre et ils l'achevèrent en des temps bien différents : Blondel

---

1. Les nécessités du culte ont obligé à modifier, en 1891, la disposition des deux chapelles voisines des sacristies.
2. F. Pigeory, *Les Monuments de Paris*, p. 150.

avait terminé en 1838, Roger en 1840, Périn en 1852, et Orsel mourait en 1850, laissant son travail aux trois quarts de l'exécution.

C'était, à plusieurs égards, une œuvre bien ingrate que la décoration de ces chapelles. Au lieu d'une surface unie, l'espace mis à la disposition des artistes n'était qu'un enchevêtrement de pilastres, intrados, piédroits, ressauts, pendentifs, écoinçons, lunettes et coupoles. « Il a fallu, dit Charles Lenormant, une résignation miraculeuse pour accepter ces lambeaux déchiquetés de murailles à moitié noyées dans l'ombre ou éclairées d'un jour faux [1]. » La question de lumière venait en effet compliquer la précédente. Pendant que la lumière diffuse arrive dans les chapelles par les grandes baies de la nef, les fenêtres des bas-côtés y font pénétrer horizontalement une *obscure clarté*, et la lanterne de la coupole fait arriver d'aplomb un troisième jour qui contrarie les deux autres : « d'où résulte l'impossibilité de voir convenablement, à quelque heure que ce soit, d'une clarté égale et régulière, les peintures tracées à l'intérieur et au-dessous de ces coupoles [2]. »

---

1. *La Chapelle de l'Eucharistie à Notre-Dame de Lorette*, 1852, p. 7.
2. *Idem.* Les peintres ont dû recourir à des miroirs réflecteurs!

Malgré ces difficultés, les quatre peintres ont produit des œuvres qui, avec des mérites inégaux, sont toutes des œuvres d'art ; de plus, trois de ces chapelles nous offrent des peintures vraiment religieuses, et leur ensemble constitue un mémorial des principaux dogmes et des devoirs les plus importants de la vie chrétienne.

Il est donc d'un haut intérêt pour le fidèle de visiter en détail toutes ces peintures, de s'efforcer d'en comprendre l'idée principale, l'enchaînement et les détails. Lorsqu'il les connaîtra bien, il y trouvera, à chaque instant, d'éloquentes leçons et une prédication toujours prête, qui élèvera son âme et l'excitera au bien.

ARTICLE PREMIER

CHAPELLE DU BAPTÊME

Cette chapelle se trouve à l'entrée du bas-côté de droite. Elle est destinée au premier acte de la vie chrétienne et elle renferme les *fonts baptismaux*.

La cuve circulaire en bronze a été exécutée sur les dessins d'Hippolyte Le Bas; elle est surmontée d'une statuette de Duret, représentant saint Jean-Baptiste.

Les peintures de la chapelle sont dues à Adolphe Roger. Au point de vue artistique comme sous le rapport religieux, elles sont fort remarquables. « Ce sont les meilleures que l'on ait exécutées à Notre-Dame de Lorette, » écrivait Théophile Gautier en 1841, c'est-à-dire avant qu'on eût découvert les œuvres d'Orsel et de Périn[1]. « Monsieur Roger, disait un autre criti-

---

1. *Revue des Deux Mondes*, 1er septembre 1841.

que, qui a peint dans un sentiment si pur, si délicat, si religieux les fonts baptismaux[1] ; » et un troisième unit, dans le même éloge, Périn, Orsel et Roger, en disant de leurs œuvres : « Ce sont de nobles pages, inspirées par la foi, et dont les sujets ont été demandés aux sources les plus pures de la tradition chrétienne[2]. »

L'œuvre de Roger, tout entière consacrée au *Baptême*, n'offre pas moins de cinquante sujets différents. Pour en comprendre l'enchaînement, il faut les visiter dans leur ordre, non pas topographique, mais logique ; — entrer dans la pensée du peintre, et en suivre le développement sur les pierres du temple : alors on comprend, on admire l'œuvre de l'artiste, et surtout la religion qui l'a inspiré.

A défaut d'écrit laissé par Roger pour expliquer le plan qu'il a suivi[3], l'étude de ses peintures permet d'en reconstituer l'enchaînement. C'est dans cet ordre que nous invitons le lecteur à les étudier.

---

1. Ch. Lenormant, *Chapelle de l'Eucharistie*, p. 8.
2. F. de Guilhermy, *Description archéologique des monuments de Paris*, p. 217.
3. Il existe une plaquette de quatre pages intitulée : *Baptistère de l'église N.-D. de Lorette, peint par A. Roger*. Malheureusement l'artiste ne fait qu'y donner les titres de ses œuvres, sans en indiquer la liaison.

Le sujet principal et comme le titre de l'œuvre est contenu dans le demi-cercle qui surmonte la porte de l'église : c'est *le Baptême, baptismus aquæ*. Une jeune femme, accompagnée de son époux, tient son enfant au-dessus des fonts, et l'évêque verse l'eau baptismale sur la tête du nouveau-né. A droite et à gauche de cette scène, deux anges tiennent une croix et un lis, emblèmes de la foi et de l'innocence entrées dans l'âme de l'enfant baptisé.

Au-dessous de cette peinture se trouve[1] l'inscription suivante, empruntée au baptistère de Saint-Jean-de-Latran : *Hic est fons omnium gloriarum origo*. « C'est ici la source d'où découlent toutes les gloires. »

« La foi et l'humilité, dit Saint Jérôme, ouvrent la porte des sacrements. » Aussi l'artiste a-t-il voulu les mettre comme épigraphes à son titre. A gauche de la porte d'entrée, nous voyons *la Foi*, portant un livre avec cette inscription : *Credo in Deum*, je crois en Dieu. Au-dessous, dans un médaillon, un Cerf se désaltérant : c'est le symbole de la foi, satisfaisant l'intelligence altérée de vérité.

---

1. *Ne se trouve pas* serait plus juste, car le tambour de la porte d'entrée dissimule entièrement cette inscription aux regards du visiteur.

A droite, *l'Humilité*, portant un crucifix d'une main et retenant de l'autre le joug placé sur ses épaules. Au-dessous, un Agneau, symbole de cette vertu.

Le sujet que va traiter le peintre chrétien est donc bien indiqué : c'est *le Baptême*. Il s'agit maintenant de diviser et d'ordonner cette vaste matière. Nous la ramènerons, pour l'explication des peintures, à trois chapitres principaux : la théologie du baptême, l'histoire du baptême, la liturgie du baptême.

I. Théologie du Baptême. — Il s'agit ici de faire comprendre la nécessité du Baptême, et sa place indispensable dans l'économie de la religion chrétienne. C'est à quoi est consacré l'hémicycle de la chapelle, derrière les fonts baptismaux.

Dieu avait créé l'humanité dans l'innocence et pour le bonheur. Le dessein divin a été troublé par le *Péché originel (peccatum originale,* partie gauche de l'hémicycle) : le peintre a représenté nos premiers parents au moment où ils viennent de désobéir à Dieu ; un fruit entamé est encore à leurs pieds.

Dieu étant juste, il fallait que le péché fût

châtié : *Castigatio hominis,* tel est le sujet qui fait vis à vis au précédent, et représente Adam et Ève expulsés du paradis terrestre : première punition qui ouvrait la porte à beaucoup d'autres, la maladie, la mort, l'exclusion du ciel.

Mais Dieu n'est pas seulement juste, il est bon, et il a voulu réparer notre chute. Par son Incarnation il a créé tout un monde, le monde de la rédemption. Or, pour entrer dans ce monde nouveau, proposé à tous les hommes, il est un moyen unique et nécessaire : le Baptême. C'est l'enseignement exprimé par le sujet central, *Reparatio,* la réparation. L'artiste a représenté Jésus-Christ se soumettant lui-même au baptême de pénitence, image du sacrement, et montrant par là que nul ne devrait en être exempté.

Ainsi par le baptême, l'œuvre divine est réparée, et le ciel s'ouvre devant l'âme humaine. La demi-coupole de l'hémicycle représente cette vérité sous le titre de *Glorificatio.* Sur le trône céleste règne la Sainte-Trinité : le Fils est assis à la droite du Père, et l'Esprit-Saint plane au-dessus d'eux sous la figure d'une colombe. L'Église, personnifiée par un pape, présente à la divine Majesté des enfants de toute race sortant des ondes baptismales : déjà l'un de ces enfants est agenouillé devant le Père et le Fils, qui déposent une couronne sur sa tête. A côté de ce groupe, saint Jean-Baptiste montre le Sauveur aux élus et semble leur dire cette parole, inscrite d'ailleurs sur le manuscrit qu'il tient à la main : *Ecce Agnus Dei qui tollit peccata mundi,* « voici l'Agneau de Dieu qui efface les péchés du monde. »

Ainsi le baptême est nécessaire pour effacer le péché originel et ouvrir le ciel. Tel est l'enseignement de l'Église, appuyé sur la parole même de Dieu. Vous allez en relire les témoignages les plus exprès. Placez-vous sous la coupole et levez les yeux : les quatre archivoltes [1] vous font relire les principaux textes de la sainte Écriture relatifs aux vérités dont il s'agit ici :

a. — Transmission du péché originel aux fils d'Adam : *Ecce enim in iniquitatibus conceptus sum, et in peccatis concepit me mater mea.* « J'ai été conçu dans l'iniquité, j'étais dans le péché dès le sein de ma mère. »

b. — Nécessité du baptême : *Amen, amen dico tibi, nisi quis renatus fuerit ex aqua et Spiritu Sancto, non potest introire in regnum Dei.* Ce sont les paroles de Notre-Seigneur à Nicodème : « En

---

1. Bandes plates en forme d'arcade.

vérité, en vérité, je vous le dis, si quelqu'un ne renaît de l'eau et de l'Esprit-Saint, il ne peut entrer dans le royaume de Dieu. »

c. — Efficacité du baptême : elle est présagée par ces paroles des prophètes : *In die illa erit fons patens in ablutionem peccatoris ;* « en ce temps là une source coulera sans cesse pour la purification du péché. » — *Effundam super vos aquam mundam, et mundabimini ab omnibus inquinamentis vestris :* « Je répandrai sur vous une eau pure, et vous serez purifiés de toutes vos iniquités. »

II. Histoire du Baptême. — Le baptême étant nécessaire à tous les hommes, Jésus-Christ a voulu qu'il fût partout prêché et administré. Les apôtres et leurs successeurs ont suivi le précepte du divin Maître : partout et toujours, depuis la Pentecôte, on a baptisé. Le peintre a résumé toute cette histoire du Baptême par quatre scènes historiques, reproduites sur les piédroits des piliers.

Le *monde ancien* se composait des Romains et de ceux que les Romains appelaient dédaigneusement les barbares. Les uns et les autres ont été appelés à la foi :

1° Les Romains. — Ce fait est symbolisé par

le Baptême de Constantin. Le Pape[1] impose les mains à l'Empereur, tandis qu'un ange, tenant le labarum, élève une couronne au-dessus de la tête du néophyte.

2º Les barbares. — Les Actes des Apôtres racontent la conversion d'un ministre éthiopien par l'apôtre saint Philippe. C'est le sujet représenté comme pendant au précédent.

Quant au *monde nouveau,* il se compose, lui aussi, d'un double élément :

3º Sur l'ancien continent, les nations qui envahirent le monde romain et se le partagèrent. Ces peuples, dont nous sommes, furent à leur tour appelés à la régénération. L'artiste nous fait assister au *baptême de Clovis.* Le roi franc, accompagné de sa sainte épouse, est debout devant saint Remi : l'évêque de Reims étend la main pour prendre la sainte ampoule, apportée miraculeusement par une colombe.

4º Enfin, la découverte du nouveau monde allait ouvrir un vaste champ à l'ardeur des missionnaires. Ici, c'est *le baptême d'une Péruvienne* par saint François Solano qui est offert à nos

---

1. Roger a représenté le pape saint Silvestre, qui, selon la légende, avait baptisé Constantin, peu après sa conversion. Il est établi aujourd'hui que Constantin ne reçut le baptême que vers la fin de sa vie, après la mort de saint Silvestre.

regards. La néophyte est appuyée sur un bas-relief représentant un sacrifice humain : des chaînes brisées indiquent que la domination du démon est abolie désormais dans ces terres nouvelles.

III. Liturgie du Baptême. — Ici tout est décrit en détail : les objets qui servent au baptême, et les cérémonies du sacrement.

§ I. *Objets servant au baptême.* 1º La matière dont l'emploi est essentiel au baptême, c'est *l'eau.* Par la volonté de Dieu, elle reçoit une divine efficacité. L'Esprit-Saint plane au-dessus d'elle : *et Spiritus Dei ferebatur super aquas.* L'artiste nous rappelle fort justement ce texte de la Bible, et il le rapproche de cet autre fait biblique : la colombe de Noé planant, elle aussi, au-dessus des eaux, et portant un rameau d'olivier, symbole de paix : *at illa venit ad Noe, portans ramum olivæ.* (Ces inscriptions se trouvent sur le pilastre qui entoure la porte de l'église.) L'eau du baptême est donc la source où va se désaltérer l'âme : « O vous qui avez soif, venez à ces eaux ! » *Sitientes venite ad aquas ! — Si quis sitit, veniat ad me et bibat :* « si quelqu'un est altéré, qu'il vienne à moi, je lui donnerai à boire ! » Au-dessus de ces textes symboliques plane l'image de l'Agneau de Dieu, comme pour nous rappeler que notre vie spirituelle a pour cause la mort du Rédempteur.

L'eau qui doit servir au baptême reçoit une bénédiction solennelle: les rites principaux en sont retracés sur les quatre piédroits, dans autant de médaillons placés au-dessous des quatre grandes scènes de l'histoire du baptême. La première cérémonie est l'exorcisme de l'eau (au-dessous du baptême de la Péruvienne); — la seconde, l'infusion du sel dans l'eau à bénir[1]; — la troisième, l'infusion du saint chrême; — dans le dernier médaillon, nous voyons l'évêque plonger dans l'eau le cierge pascal[2].

2° Le *saint chrême* est employé dans le baptême solennel, pour faire une onction sur la tête du néophyte. Sur le pilastre qui donne accès aux bas-côtés[3], nous voyons représenté, à gauche et à droite, le saint chrême, *S. chrema*, avec un certain nombre des plantes qui entraient primiti-

---

1. Cette cérémonie se fait au rit romain, non pas pour l'eau baptismale, mais pour l'eau bénite ordinaire.
2. Dans sa *Description de l'église N.-D. de Lorette*, L. Michaux prend à tort ces quatre sujets pour les quatre Evangélistes.
3. Entre le *baptême de Clovis* et le *baptême de l'Ethiopien*.

vement dans sa composition. Ce sont, en allant de gauche à droite : le baume, le nard, la rose, l'hysope, le térébinthe, l'aloès, l'olive, le muscadier *(myristica)*, le styrax, le giroflier *(caryophyllus)*, le laurier cannellier *(laurus cinnamomum)*, et la grenade *(malum punicum)*.

3° *L'hysope* servait au baptême par aspersion. Le pilastre qui domine l'entrée des fonts baptismaux et celui qui lui fait face sont ornés de motifs d'hysope. Ce dernier porte, dans sa partie cintrée, une inscription tirée du psaume *Miserere: Asperges me hyssopo, et mundabor, et super nivem dealbabor;* « vous m'arroserez avec l'hysope, et je serai purifié, et je deviendrai plus blanc que la neige. » Sur l'autre pilastre, la même vérité est exprimée au moyen d'un symbole : les rameaux d'hysope se terminent par des lis.

§ II. *Cérémonies du Baptême*. La cérémonie essentielle du baptême est l'effusion de l'eau ; elle est représentée dans le demi-cercle qui surmonte la porte d'entrée, et dont nous avons parlé en commençant cette description. Mais, dans le baptême solennel, l'effusion de l'eau est précédée ou suivie de rites accessoires, qui sont représentés ici et dont il nous reste à parler.

1º *Sal sapientiæ,* le sel de la sagesse. Le pendentif qui surmonte le baptême de Constantin représente cette cérémonie : un nouveau-né est présenté au baptême par ses parents, et le prêtre lui met du sel dans la bouche, en prononçant cette parole inscrite sur le rituel ouvert à côté de lui : *Accipe sal sapientiæ,* « recevez le sel de la sagesse. » Deux anges assistent à cette scène : l'un tient un livre et l'autre effeuille des roses.

Le sel, on le voit, symbolise la sagesse. Cette vertu est représentée dans la coupole au-dessus du pendentif : elle tient en main une bride et un mors, image du frein qu'elle sait mettre aux passions. L'inscription suivante relie les deux sujets : *Sobrietatem et prudentiam sapientia docet, et justitiam et virtutem;* « la sagesse enseigne la tempérance, la prudence, la justice et la vertu. »

2º *Exorcismus,* l'exorcisme. L'évêque souffle sur le front de l'enfant en prononçant cette formule, que l'on voit inscrite sur le rituel ouvert : *Recede diabole,* « retire-toi, Satan. » A cette parole, un ange met le démon en fuite.

L'inscription de la coupole est ainsi conçue : *Infernus subter conturbatus est in occursum adventus tui. Suscitavit tibi gigantes.* « L'enfer, qui nous avait suscité de formidables ennemis, a été profondément troublé à votre approche. »

La figure correspondante de la coupole est l'Ange gardien, destiné à jouer dans la vie du chrétien un rôle opposé à celui du démon, et à le mettre en fuite : voilà pourquoi il est représenté un glaive à la main.

3º *Saliva intelligentiæ* : la salive, symbole de l'intelligence. Le prêtre touche de son doigt humecté de salive l'enfant qu'il se dispose à baptiser, en disant *ephpheta,* « ouvrez-vous ! » Deux anges dominent encore cette scène ; ils portent la Bible et la croix. Dans la coupole, *l'Intelligence* est debout, les mains levées vers le ciel, et la flamme illumine son front de clartés. L'inscription consiste dans cette prière : *Da mihi intellectum, et scrutabor legem tuam, et custodiam illam in toto corde meo.* « Seigneur, donnez-moi l'intelligence, et j'étudierai votre loi, et je la garderai de tout cœur. »

4º *Chrismatio innocentiæ.* Le *chrémeau* est un vêtement blanc que le prêtre impose au nouveau baptisé, en souvenir de la robe blanche que portaient autrefois les néophytes. Ce vêtement est le symbole de l'innocence reconquise.

Le pendentif représente cette cérémonie : les anges apportent du ciel le chrémeau blanc que le prêtre dépose sur la tête de l'enfant, en disant : *accipe tunicam albam.* L'*Innocence* est représentée dans la coupole, la tête couronnée de fleurs et une branche de lis à la main.

L'inscription est tirée des Psaumes : *Innocens manibus et mundo corde, hic accipiet benedictionem a Domino.* « Celui qui a les mains innocentes et le cœur pur, celui-là seul sera béni par le Seigneur. »

Tels sont les caractères, les rites, les effets du Baptême. N'est-ce pas le cas de remercier Dieu de ses bienfaits, de féliciter l'homme d'avoir un si bon maître, de redire le chant de joie des anges, fort à propos reproduit au sommet de la coupole : *Gloria in excelsis Deo, et in terra pax hominibus bonæ voluntatis.* Oui, une fois de plus, gloire à Dieu dans le ciel, et paix sur la terre aux hommes de bonne volonté !

ARTICLE II

CHAPELLE DE LA COMMUNION

(CHAPELLE DU SACRÉ-CŒUR)

« La peinture chrétienne a d'autres conditions, un autre but que de réjouir l'œil : il lui faut par l'œil porter le cœur à l'amour divin et aux vertus qui en découlent[1]. » En écrivant ces mots, Périn pensait à Orsel ; en les lisant, nous pensions à lui-même ; c'est bien ainsi, en effet, qu'il a compris la peinture religieuse, et spécialement cette belle chapelle de la Communion, qui est, avec celle de la Sainte Vierge, le joyau de Notre-Dame de Lorette[2].

Né à Paris en 1798, Adolphe Périn étudia la

---

1. *Œuvres diverses de Victor Orsel, mises en lumière et présentées par Adolphe Périn*, p. xxv.
2. La statue de marbre du *Christ,* qui surmonte l'autel, est due à Antoine Desbœufs.

peinture dans l'atelier de Guérin : il y rencontra Orsel et s'y lia avec lui d'une étroite amitié, dont il serait injuste de dire qu'elle ne finit qu'avec leur vie, puisqu'au contraire la mort vint en resserrer les liens et en multiplier les manifestations.

Après un séjour qu'il fit à Rome en compagnie de son ami, Périn fut chargé, en 1833, de décorer la chapelle de la Communion. Nous avons dit plus haut combien ces chapelles de la *vie chrétienne* étaient peu favorables à la peinture : celles qui échurent à Périn et à Orsel l'étaient encore moins que les autres, et Charles Lenormant en manifestait vivement son indignation : « Pour dire la vérité, quoique leur place soit au fond de l'église, on les a traités comme des peintres de vestibule. Les lunettes qu'on leur a laissées ne sont que des dessus de porte ; et à l'endroit où l'on s'attendrait à trouver l'expression définitive de leur pensée, c'est-à-dire autour de l'autel, des rosaces à la douzaine, coulées dans un moule uniforme, viennent étaler leur pesante inutilité[1] ! »

Malgré les difficultés de la tâche, Périn se

---

1. Ch. Lenormant, *Chapelle de l'Eucharistie à Notre-Dame de Lorette par M. A. Périn*, 1852, p. 8.

mit résolument à son œuvre, il s'y renferma, pour ainsi dire, avec la résolution d'y donner sa mesure, et « il fit sa chapelle comme les poètes d'autrefois faisaient leur livre[1]. » Si le temps est de l'argent, l'artiste en a donné ici une preuve nouvelle: son œuvre lui a coûté trois fois plus qu'elle ne lui a rapporté.

Mais en revanche, au prix de son temps et de son génie, Périn a acheté la gloire, et elle ne lui a pas été marchandée. Citons-en seulement deux témoignages, dus à des plumes autorisées: « Il est à constater, dit Charles Lenormant, qu'on s'est beaucoup occupé de la chapelle de M. Périn..; tout le monde s'est montré bienveillant, et les observations critiques les moins favorables se sont produites de manière à laisser voir dans ceux qui les présentaient une déférence involontaire, comme celle qu'inspirent seuls les ouvrages d'un mérite peu commun. Le succès est donc incontestable, et quand même l'artiste aurait contre lui la résistance de quelques aristarques, il en serait amplement dédommagé par l'émotion si naturelle des personnes qui visitent Notre-Dame de Lorette sans parti pris, ou

---

1. G. Planche, *Revue des deux mondes*, 1er janvier 1853.

même de celles que le hasard conduit en présence de ces peintures.. »

Le jugement de Gustave Planche, le célèbre critique, est plus court et plus énergique encore : « Par la ferveur, dit-il, par la persévérance, M. Périn appartient au passé ; par son respect constant pour les progrès de la science, il se place au premier rang de ses contemporains. »

Abordons maintenant l'explication des peintures, avec le respect et l'intérêt que méritent l'ouvrier, l'œuvre et par-dessus tout le sujet : la sainte Communion.

C'est, encore ici, le demi-cercle au-dessus de la porte de la sacristie qui nous donnera le titre de l'ouvrage : *la sainte Eucharistie*. C'est l'institution de l'Eucharistie qui fait le sujet de ce tableau. Devant une table, Jésus est debout : à sa gauche sont assis S. Pierre, S. Jacques le Mineur, S. Jacques le Majeur, S. Barthélemy, S. Jude et S. André ; à sa droite, S. Jean, S. Philippe, S. Mathieu, S. Simon et S. Thomas : Judas se lève en serrant un sac d'écus dans la main gauche. Pour l'harmonie des lignes,

---

1. *Chapelle de l'Eucharistie*, p. 3.

la beauté des contours et la ferveur de l'expression, cette *Cène* est regardée comme une des plus belles qu'ait produites l'art contemporain.

Au-dessus de cette peinture, on lit les paroles prononcées par Jésus-Christ : *hoc est corpus meum, hic est sanguis meus,* « ceci est mon corps, ceci est mon sang. » Tout autour, le miracle est symbolisé par une gerbe de blé se terminant par une hostie, et un cep de vigne aboutissant à un calice.

Les développements donnés par Périn à son sujet peuvent se ramener à cette triple proposition, dont nous reprendrons chaque terme pour en étudier le commentaire :

« L'Eucharistie est offerte à tous ; — elle est la vie de ceux qui la reçoivent bien, — et la mort de ceux qui la reçoivent mal. »

I. L'Eucharistie est offerte a tous.

Le développement de cette vérité est contenu dans les pilastres qui entourent la porte de la sacristie.

L'appel de Dieu s'adresse à tous : *Beati,* dit le Seigneur, et cette inscription se lit au-dessus de la porte, *beati omnes sitientes et esurientes justitiam :* « bienheureux ceux qui ont faim et soif de la justice ! » Pourquoi ? parce qu'à tous, sans exception, sont offerts l'aliment et le breuvage qu'ils demandent. C'est la réalisation de cette autre parole du Psalmiste, inscrite sur les pilastres à droite et à gauche de la sacristie : *Jubilate Deo omnes gentes, quoniam salus omnis terræ Deus;* « que toutes les nations glorifient Dieu, car il est le salut de toute la terre. » Quelle éloquence dans ces simples mots ajoutés par le peintre autour de ces paroles : *Europa, Asia, Africa, America,* comme pour affirmer une fois de plus que nul peuple au monde n'a été mis en dehors de l'amour divin.

Mais comment Dieu a-t-il sauvé toute la terre ? par l'Incarnation et la Rédemption de son Fils. C'est ce que nous montre l'artiste chrétien, dans plusieurs tableaux qui se font pendants à gauche et à droite de la sacristie. D'un côté, nous voyons l'arbre de mort, *lignum mortis,* autour duquel est enroulé le serpent tentateur ; — de l'autre côté, l'arbre de vie, la croix, au pied de laquelle ont germé le blé et la vigne eucharistique. Or cet arbre de vie n'a poussé qu'en ruinant l'arbre de mort : *peccato deleto, crucis mysterio,* « le mystère de la croix a détruit l'œuvre du péché. » Et voici les effets merveilleux de cette victoire :

1º *Satanas prostratus,* Satan, jusque-là vainqueur, est terrassé au pied d'un labarum portant une croix avec cette inscription : *Christus vincit, Christus regnat, Christus imperat*, « le Christ est vainqueur, le Christ règne, le Christ commande ! »

2° *Vir justus resurgens*, le juste ressuscite. De son tombeau nous voyons sortir Job [1]. Sur la terre il avait souffert avec patience (*probatio, patientia*), et la pierre sépulcrale porte un bas-relief qui nous le montre sur son fumier ; mais maintenant il se redresse du sein de la mort pour répéter sa parole d'espérance : *Scio enim quod Redemptor meus vivit, et in novissimo die de terra surrecturus sum.* « Je sais que mon Rédempteur est vivant, et qu'au dernier jour je sortirai de la terre. »

3° *Deus placatus*, Dieu apaisé : l'ange remet au fourreau l'épée dont il s'était armé au jour de la chute, pour expulser Adam et Eve du Paradis terrestre et les empêcher d'y rentrer.

4° *Cœlum adeptum*, le ciel conquis. En regard

---

[1] « Ce sont les traits d'Orsel qu'on reconnaît dans cette figure souffrante et amaigrie qui s'élève à demi enveloppée de son linceul, et dont le regard est empreint d'une espérance et d'une douceur touchante. » Ch. Lenormant, *Chapelle de l'Eucharistie*, p. 5.

de la scène précédente, un autre ange ouvre les portes du ciel.

Tels sont les merveilleux effets de la Rédemption, dont les fruits nous sont appliqués dans l'Eucharistie, où nous recevons le même sang qui a coulé sur la croix.

Mais si tous sont appelés à recevoir l'Eucharistie, tous n'en profitent pas. L'Église le chante: *Mors est malis, vita bonis,* « l'Eucharistie est la vie des bons, mais elle est aussi la mort des méchants. » C'est la double vérité dont il nous reste à voir le développement.

II. L'Eucharistie est la vie des bons, *Eucharistia vita bonis :* nous lisons cette inscription sur l'archivolte qui surmonte l'entrée de la chapelle. Au-dessus, et dans la coupole, se trouve expliquée cette vérité : le Christ sort de son tombeau ; il triomphe de la mort, il s'affirme comme le maître de la vie, et cette vie qu'il a reconquise il l'offre aux bons par l'Eucharistie : deux anges, à ses côtés, présentent le Sacrement sous les espèces du pain et du vin.

La figure du Sauveur rappelle le type du divin Maître au milieu de ses disciples, mais avec une majesté et une solennité que semble lui avoir données son passage au tombeau. Les anges qui l'entourent portent sur leur visage l'expression de la ferveur et de l'humilité que demande la réception de l'Eucharistie.

Nous lisons au-dessus de cette peinture : *ascendens in altum pacem nobis reliquit,* « Jésus, retournant au ciel, nous a laissé la paix. » Mais ce n'est pas seulement pour la vie présente que l'Eucharistie est pleine de promesses : c'est encore et surtout pour la vie éternelle, et les arcs qui entourent, dans la coupole, le sujet précédent, nous montrent la réalisation de ces espérances. Au sein de la vie éternelle, symbolisée par le fond d'or des peintures, nous voyons, d'un côté, S. Pierre, entouré de S. Jean et de S. Mathieu, tenant chacun leur Évangile ; — de l'autre côté, S. Paul, tenant d'une main le glaive, emblème de la prédication parlée, et les Épîtres de sa prédication écrite ; à côté de lui sont assis S. Luc et S. Marc. Au-dessus des quatre évangélistes planent l'ange, l'aigle, le lion et le bœuf, attributs de chacun des écrivains sacrés.

Pour arriver un jour à la vie de la gloire, l'âme doit vivre ici-bas de la vie de la grâce. Comment l'Eucharistie l'y aide-t-elle ? C'est ce que l'artiste va nous expliquer, en nous montrant les grandes vertus chrétiennes soutenues, entretenues en nous par la force du divin sacrement.

Pour réaliser ce dessein, Périn avait à sa disposition les quatre piédroits; il lui fallait donc, outre les trois vertus théologales, en choisir une quatrième : il prit la *force*. « Heureuse inspiration, dit Charles Lenormant, et dont on doit lui savoir gré dans le temps où nous vivons; car la fermeté est aujourd'hui ce qui manque le plus aux âmes, et nous connaissons bien des vertus de l'ordre théologal ou stériles ou déviées par le défaut de toute virilité dans les sentiments[1]. »

Examinons maintenant ces quatre piédroits. Aux visiteurs superficiels, ils n'offrent qu'une suite de tableaux de genre d'une simplicité naïve. Pour les comprendre, il faut les rattacher aux pendentifs qui les surmontent et qui en donnent l'explication.

§ I. *La Foi.* — C'est Jésus qui est le motif et le soutien de notre foi : tel est le sujet du pendentif situé à gauche de la sacristie, et qui a pour titre *le Christ enseignant*. Or, au lieu d'enseigner, nous y voyons Jésus guérir les malades, et l'inscription peinte au-dessous de cette scène est ainsi conçue : *Magister Christus aures et oculos aperuit*. « Le Christ, notre Maître, a ouvert les yeux et les oreilles. »

---

1. *Chapelle de l'Eucharistie*, p. 12.

Une double raison mystique a engagé Périn à choisir ce sujet pour représenter le Christ enseignant. Tout d'abord, c'est beaucoup plus par ses prodiges que par sa parole que Jésus a fait pénétrer la foi dans les âmes : le miracle est par excellence l'argument indiscutable. De plus, la guérison des sourds et des aveugles n'est-elle pas l'image de l'effet produit dans l'âme qui reçoit la foi ? N'était-elle pas auparavant sourde et muette ? Et n'est-ce pas avec cette double infirmité que la représentent les prophètes ? Lisez plutôt les deux inscriptions qui forment médaillon à gauche et à droite du pendentif. La première est cette parole du Psalmiste : *Auditam fac mihi mane misericordiam tuam!* « Faites que j'entende bientôt votre voix miséricordieuse ! » Voilà pour l'ouïe, et voici pour la vue : *Populus qui sedebat in tenebris lucem vidit magnam.* « Le peuple assis dans les ténèbres a *vu* tout à coup une grande lumière. »

Et maintenant il s'agit, pour l'humanité, de pratiquer la foi. Le piédroit au-dessous du pendentif va nous montrer plusieurs scènes inspirées par cette vertu de foi, *fides*.

1º *Puritas*, la Pureté. — Un prêtre est à l'autel : il sait, — la foi le lui dit, — qu'il va bientôt tenir dans ses mains le corps de Jésus-Christ, et il se purifie les doigts avant de consacrer l'hostie, en prononçant ces paroles que l'on voit inscrites sur l'autel : *Lavabo inter innocentes manus meas, et circumdabo altare tuum, Domine, ut audiam vocem laudis et enarrem universa mirabilia tua :* « Je laverai mes mains avec les justes et j'approcherai de votre autel, ô Seigneur, afin d'entendre vos louanges et de chanter toutes vos merveilles. » Au milieu du soubassement de l'autel, une colombe boit dans un calice : image de la pureté requise en celui qui communie.

2º *Osculum pacis,* le Baiser de paix. — La foi en l'Eucharistie produit encore cette autre merveille : avant de communier, ne faut-il pas se sentir en paix, non seulement avec Dieu, mais avec le prochain ? Aussi le prêtre, avant de prendre la sainte hostie, se détourne-t-il pour donner le baiser de paix à ses ministres.

3º *Pietas,* la Piété [1]. — Voici le moment le plus solennel de la Messe, celui de l'Élévation. Le prêtre sait, — la foi le lui dit, — que celui qu'il présente au peuple est Jésus-Christ. Cette conviction n'est-elle pas faite pour lui inspirer des sentiments de respect et d'amour ?

4º *Veritas,* la Vérité. — L'homme a soif de

---

1. Voir la gravure ci-contre.

LA PIÉTÉ

Peinture de Périn à Notre-Dame de Lorette

vérité. Or son intelligence est sujette à l'erreur. Où trouvera-t-il le vrai sans mélange? A cette question voici la réponse : un pape, assis sur la chaire de S. Pierre, tient l'Évangile et lève les yeux vers le ciel, comme pour y chercher le commentaire infaillible du livre inspiré.

Les deux pilastres qui bordent chaque côté des piédroits sont généralement consacrés par l'artiste à quelque vertu accessoire et découlant de la première comme un fleuve de sa source. Ici, un seul pilastre, celui de gauche, était disponible, et Périn l'a consacré à l'étude, *Studium*. Le médaillon central représente S. Jérôme occupé à traduire la sainte Écriture : au-dessus de lui, l'Esprit-Saint, sous la forme d'une colombe; au-dessous la sainte Bible; tout autour sont entrelacées des branches d'olivier, symbole de la paix dont jouit celui qui étudie sous le regard de Dieu et sous la conduite de la foi.

§ II. *L'Espérance, Spes*. — Après la chute originelle, l'espérance n'avait plus qu'un recours: l'Incarnation du Messie. C'est donc avec raison que l'artiste a choisi, comme sujet du pendentif de l'Espérance, la *Naissance du Christ* : « sujet simple en apparence, mais pourtant si difficile, quand on reporte sa pensée vers les maîtres éminents qui l'ont traité¹. » Hâtons-nous de dire que la comparaison ne tourne pas au désavantage de Périn, et qu'il a réussi à produire une scène pleine à la fois de grâce et de majesté. *Omnipotens infirmitatem nostram induit*, « le Tout-Puissant a pris notre faiblesse. » Pourquoi, sinon par amour pour nous ? Espérons donc ! *Nascitur in stabulo qui de stercore inopem levat :* « celui qui exalte le pauvre a voulu naître dans une étable ; » n'est-ce pas encore un motif de confiance ? Et s'il nous restait quelque hésitation, écoutons encore une fois ce que chantaient les anges au-dessus du berceau de l'Enfant-Dieu : *pax in terra hominibus bonæ voluntatis*, « paix sur la terre aux hommes de bonne volonté ! »

Selon l'ordre suivi par le peintre, après les motifs de l'espérance, nous allons en voir la pratique. *Beatus qui sperat*, « heureux celui qui espère ! » De ce bonheur voici quelques exemples :

1° *Viduæ, pupilli*, l'Espérance de la veuve et de l'orphelin. — Une veuve et son fils sont agenouillés au pied d'un autel : la mère montre la croix à son enfant, lui apprenant à puiser dans cette vue l'espoir et la résignation.

2° *Captivi*, l'Espérance du captif. — Un pri-

---

1. G. Planche, *Revue des deux mondes*, 1ᵉʳ janvier 1853.

sonnier garrotté voit la liberté dans le ciel en recevant l'hostie des mains du prêtre.

3° *Et minimi et maximi,* l'Espérance du petit et du grand. — Un pauvre et un roi sont agenouillés au pied d'un autel, pendant qu'on y célèbre la sainte Messe. Le prêtre s'est retourné vers le peuple : il tient une hostie dans chaque main, et il s'apprête à donner le même Dieu au grand et au petit, tous deux chargés de misères, mais tous deux appelés au même bonheur.

4° *Morientis,* l'Espérance du mourant. — Un malade va rendre le dernier soupir : il est abandonné de tous, nul ne l'assiste en cette heure suprême ; mais ses yeux sont tournés vers le ciel, où une hostie lumineuse semble l'attendre et l'appeler.

Les pilastres qui limitent le piédroit symbolisent à nos regards plusieurs vertus qui ont leur source dans l'Espérance :

1° A gauche, *Oratio,* la Prière. — Le médaillon central représente un fidèle étendant les bras vers Dieu pour le prier. Au-dessous, un enfant priant les mains jointes : cette suave composition, qu'une mère ne saurait voir sans être émue, est entourée de cette inscription : *talium est regnum Dei,* « le royaume de Dieu est pour ceux qui lui ressemblent. » Au-dessus est un encensoir, destiné à rappeler la parole du Psalmiste : « Que ma prière s'élève comme la fumée de l'encens jusqu'au pied du trône de Dieu ! » Enfin, tout autour de ces sujets s'entrelacent des branches de lierre, d'un symbolisme analogue.

2° A droite, *Laus Dei*, la Louange de Dieu. — C'est cette partie de la prière qui consiste plus spécialement dans l'adoration et l'action de grâces. Le médaillon central représente un prêtre entonnant à l'autel le chant des anges : *Gloria in excelsis Deo,* « gloire à Dieu dans le ciel ! » Derrière lui, des fidèles agenouillés continuent ce cantique, comme l'indiquent ces paroles notées en plain-chant : *Et in terra pax hominibus bonæ voluntatis,* « et paix sur la terre aux hommes de bonne volonté. » Au-dessus de cette scène, un ange, les mains jointes et les ailes déployées, chante lui aussi le *Gloria* ; tout autour s'entrelacent des branches de baume, image du calme amené dans l'âme par la prière.

3° La Sainteté. — La pratique de la vertu, la sainteté ne va pas sans efforts, et pour y persévérer il faut l'espérance du ciel.

Dans les intrados ou parties cintrées des pilastres, l'artiste a symbolisé, au moyen de diverses plantes, la beauté et les mérites de la vertu. Dans le cintre continuant le pilastre *Laus*

Dei, sont des olives, des grenades, avec cette devise : *Sicut grana sub cortice, sic virtutes sub corde justi :* « comme le grain est sous l'écorce, ainsi la vertu est dans le cœur du juste. » — Dans l'intrados à gauche du précédent, formant l'arcade ouverte sur le bas-côté, on voit des branches de lis avec cette inscription : *Splendor sanctorum, candor lilii*, « la splendeur des saints est comme la blancheur du lis. » — Enfin, dans l'intrados de la chapelle, figurent des roses avec cette devise : *Rosæ purpura, martyrum cruor :* « la pourpre de la rose symbolise le sang des martyrs. »

§ III. *La Charité, Charitas.* — Le pendentif représente le *Christ mort* : la plus grande marque d'amour n'est-elle pas de donner sa vie pour ceux qu'on aime? On se demande pourtant si le peintre n'aurait pas mieux répondu à son sujet et à l'attente du spectateur en représentant la Mort du Christ, plutôt que son Ensevelissement. Quoi qu'il en soit, les inscriptions qui entourent cette scène en rappellent les circonstances les plus propres à exciter notre amour à l'égard de Celui qui nous a tant aimés : *Sicut ovis ad occisionem ductus*, « il s'est laissé mener à la tuerie comme un agneau ; » — *obediens usque ad mortem,* « il a obéi jusqu'au trépas ; » — *moriendo mortem nostram destruxit :* « en mourant il a détruit l'empire de la mort. »

Le piédroit porte pour épigraphe : *beati misericorde[s]*, « bienheureux les miséricordieux, » et il représente en effet quelques-unes des pratiques de la charité :

1° *Peregrinum recipere,* le Secours au voyageur. — Un pèlerin est assis, et son hôte, à genoux devant lui, lui lave les pieds. On aperçoit au fond un lit de repos, tout prêt à recevoir le voyageur fatigué.

2° *Pauperi subvenire,* le Secours au pauvre [1]. — D'un côté, un adolescent donne son manteau à un vieillard presque nu ; de l'autre, un homme donne un morceau de pain à un infirme. Au fond, un autel est surmonté de l'hostie consacrée avec cette inscription : *Ecce panis angelorum,* « Voici le pain des anges. » Ainsi l'Eucharistie domine cette scène et inspire ces actes de vertu.

3° *Ignoscere inimico,* le Pardon des injures. — Un homme amène devant l'autel un sicaire qui voulait l'assassiner : le poignard est tombé à terre. Touché de tant de générosité, le meurtrier s'est repenti, et le prêtre leur partage à tous

---

1. Voir la gravure ci-contre.

LE PAUVRE SECOURU

Peinture de Périn à Notre-Dame de Lorette

deux la même hostie en gage de réconciliation.

4° *Mortuum sepelire,* l'Ensevelissement des morts. — Un jeune homme est agenouillé et soutient un cadavre enveloppé dans un linceul, tandis qu'un prêtre achève de creuser une fosse.

Les revers des piédroits représentent encore d'autres vertus intimement liées à la charité.

1° A droite, *Dilectio,* l'Amour du prochain. — Un maître délivrant et embrassant son esclave : tel est le sujet du médaillon central. Au-dessus, une corne d'abondance, image des bénédictions accordées par Dieu à la charité. Au-dessous, une hirondelle nourrissant ses petits, avec cette devise : *nudos fovet, esurientes alit,* « elle nourrit leur faim, elle réchauffe leur nudité. »

2° A gauche, *Unitas,* l'Union. — Une femme lie en faisceau des branches qui, prises une à une, seraient fragiles, et dont la force se multiplie par leur union.

§ IV. *La Force, Fortitudo.* — C'est surtout dans sa passion que Jésus nous a laissé le modèle de cette vertu. Voilà pourquoi le pendentif représente le *Christ souffrant.* Jésus est assis au milieu de bourreaux dont l'un lui présente un roseau, tandis qu'un second le couronne d'épines et qu'un troisième a encore à la main une verge qui vient de servir à la flagellation. « M. Périn, dit G. Planche, a su donner à leur physionomie l'accent de la brutalité en évitant pourtant de descendre jusqu'à la laideur [1]. » Les inscriptions qui encadrent et commentent ce sujet sont les suivantes : *Rex cœli fortitudo martyrum,* « le Roi du ciel est la force des martyrs ; » — *Tanquam lilium inter spinas,* « il est comme un lis au milieu des épines ; » — *Hic peccata nostra fert,* « il prend sur lui le fardeau de nos crimes. »

Voici maintenant les principales œuvres de force chrétienne, relatées sur le piédroit :

1° *Confessio culparum,* la Confession des péchés. — Un prêtre est assis au tribunal de la pénitence, et deux chrétiens sont agenouillés à ses pieds : l'un vient de faire sa confession, et il reçoit une discipline dont il devra se frapper ; l'autre attend le moment de se confesser, et son humble attitude justifie cette devise : *humilitate robur,* la force vient de l'humilité.

Sur le siège du confesseur est inscrit ce passage des Psaumes, qui exprime bien la force nécessaire au pénitent qui veut sortir de son péché : *Super aspidem et basiliscum ambulabis,*

---

1. *Revue des deux mondes,* 1ᵉʳ janvier 1853.

et conculcabis leonem et draconem; « vous marcherez sur l'aspic et sur le basilic, vous foulerez aux pieds le lion et le dragon. »

2° *Contemptio divitiarum,* le Mépris des richesses. — Un chrétien et un mahométan se montrent l'un à l'autre les motifs de leur croyance : le chrétien désigne du doigt un Évangile ; — le musulman, un Coran auprès d'un coffret rempli d'or.

3° *Contemptio dolorum,* le Mépris des souffrances. — Un jeune martyr est agenouillé sur un bûcher qu'un bourreau s'apprête à allumer, tandis qu'un prêtre païen essaie vainement de faire adorer au héros chrétien une statue de Jupiter.

4° *Mensa martyris,* la Table du martyr. — Le tombeau du martyr devient l'autel même où Jésus s'offre en sacrifice.

A droite de ces divers traits de force, le pilastre de la chapelle présente à nos regards une vertu qui se rattache à la première : *Vigilantia,* la Vigilance. Un soldat, l'épée haute, se garde avec son bouclier contre un serpent qui le menace : image de ce que doit faire l'âme chrétienne à l'égard de la tentation.

III. L'Eucharistie est la mort des méchants, *Eucharistia mors malis,* lisons-nous sur l'archivolte opposée à la chapelle de l'Eucharistie. C'est, on s'en souvient, la dernière des trois propositions qu'il s'agissait d'exprimer sur les murs de cette chapelle. Mais l'auteur s'est complu à développer la précédente, où il n'était question que de l'amour de Dieu, et il a laissé le moins de place possible à celle-ci, réservée aux sévérités de la justice. Il ne fallait pourtant point la passer sous silence, et Périn en a fait le sujet d'un des quatre arcs de la coupole. Le Christ, assis sur son trône, brise les sceaux du livre de vie[1] ; à ses côtés se tiennent deux anges, dont l'un sonne de la trompette tandis que l'autre porte un brasier allumé. La scène est dominée par cette inscription : *Quis fugiet ab ira agni ?* « Qui pourra échapper à la colère de l'Agneau ? »

Et maintenant, jetons sur cette chapelle un dernier regard d'ensemble. Nous la verrons di-

---

1. C'est la septième fois que nous voyons le Christ représenté dans cette chapelle. Les critiques ne se lassent pas d'admirer ces « sept Christs homogènes et diversement animés, dont la grande peinture offrirait difficilement un autre exemple. » Ainsi parle Ch. Lenormant, et ailleurs il ne craint pas de voir, dans ces divers aspects du Christ toujours le même et toujours nouveau, « ce qu'il y a de plus original et de plus élevé dans la chapelle de M. Périn. » « Pour moi, dit de son côté G. Planche, je ne me lasse pas d'admirer cette prodigieuse variété. » *Ouvrages cités.*

visée dans sa hauteur en trois parties, distinguées par la couleur des fonds. Tout en haut, la coupole, peinte sur fond d'or et symbolisant le ciel. Dans la partie inférieure, les piliers montant peu à peu vers le ciel, image des efforts de l'homme pour arriver à Dieu : ces efforts sont constamment soutenus par l'espérance, et voilà ce qui explique le fond vert sur lequel est peint toute cette partie. Enfin, entre le ciel et la terre, Jésus-Christ, médiateur entre Dieu et les hommes ; les pendentifs qui lui sont consacrés sont peints sur fond rouge, symboles du sang qu'il a répandu pour nous et qu'il continue à nous donner chaque jour dans la sainte Eucharistie.

Telle est cette chapelle, tel est ce beau et religieux travail dont on peut dire, avec Gustave Planche, qu' « il laisse dans l'esprit du spectateur une émotion tendre et pieuse : et comme c'est là le but que l'auteur s'est proposé, il reste démontré qu'il a réussi [1]. »

1. *Revue des deux mondes*, 1ᵉʳ janvier 1853.

ARTICLE III

CHAPELLE DU MARIAGE

(CONSACRÉE A LA SAINTE VIERGE)

Nous l'avons dit, la troisième chapelle de la *vie chrétienne* était destinée au mariage. Mais, comme c'était en même temps la chapelle de la sainte Vierge, il était tout indiqué que les peintures en fussent consacrées à la gloire de la Mère de Dieu. Avant d'en donner la description, disons un mot de la chapelle même.

L'autel de la Sainte-Vierge était autrefois semblable à celui de la Communion ou du Sacré-Cœur. M. l'abbé Caillebotte, curé de la paroisse, l'a fait remplacer par un autel en marbre, avec ornements de bronze ciselé et doré. Cet autel, plus digne de la Mère de Dieu, a été consacré le 5 décembre 1891 par Mgr Hautin, évêque d'Evreux, aujourd'hui archevêque de Chambéry. Il est surmonté de deux colonnes corinthiennes

MÈRE DU SAUVEUR. — Peinture de V. Orsel, à Notre-Dame de Lorette

supportant un entablement, dont le fronton porte cette inscription: *Sancta Maria sine labe concepta* « A Marie conçue sans péché! » Entre ces colonnes est placée une statue de la sainte Vierge, par Dumont, remplaçant une autre statue du même artiste, brisée à l'époque de la Commune.

Les peintures de la chapelle sont dues à Orsel. André-Jacques-Victor Orsel naquit à Oullins (Rhône), en 1795. Il étudia la peinture à Lyon, sous la direction de Pierre Revoil. Ses progrès furent si rapides que, le professeur ayant dû quitter Lyon pendant une année, les camarades d'Orsel le désignèrent pour faire pendant ce temps l'intérim du maître absent. C'était en 1814. En 1815, Orsel vint à Paris et entra dans l'atelier de Guérin. Sept ans plus tard, celui-ci était nommé directeur de l'École française à Rome, et Orsel le suivait dans la Ville éternelle. « Là, le jeune artiste put développer son talent au contact des chefs-d'œuvre de l'art, si nombreux dans la capitale de l'Italie. Cornélius et Overbeck venaient d'y fonder une école pour la résurrection de la fresque. Orsel devint un fervent disciple de cette école, qui cherchait son idéal dans l'art mystique et chrétien immédiatement antérieur à l'époque de la Renaissance. Il avait trouvé la voie qui convenait à ses goûts, à ses aspirations religieuses, et dont il ne s'écarta plus un seul instant[1]. »

Revenu à Paris, Orsel exposa en 1833 un tableau célèbre, le *Bien et le Mal,* qui lui valut la commande d'une des chapelles de la *vie chrétienne* à Notre-Dame de Lorette. Nous avons dit par suite de quel échange il obtint de décorer la chapelle de la Vierge au lieu de celle des fonts baptismaux[2].

Une difficulté se présentait dès l'abord à l'artiste : les peintures de la nef, déjà presque achevées, retraçaient la vie de la sainte Vierge. Il fallait donc choisir un autre sujet, tout en s'occupant de Marie. Orsel se décida à traiter les Litanies de la sainte Vierge : inspiration d'autant plus heureuse, que ces invocations portent précisément le nom de *Litanies de Lorette.*

A cette œuvre de foi et de génie Orsel consacra désormais sa vie. Pendant dix-sept années il fut là, travaillant et priant ; lorsqu'en 1850 il mourut, son œuvre n'était qu'aux trois

---

1. Larousse, *Dictionnaire,* au mot *Orsel.*
2. Voir plus haut, p. 154.

quarts de l'exécution, et il avait dépensé cinquante-deux mille francs pour ce travail, officiellement coté à quatorze mille francs. Son ami Périn put achever l'œuvre à l'aide des cartons laissés par Orsel, et avec la collaboration de plusieurs élèves du maître.

Heureux le temple qui possède cette œuvre de piété! Ne peut-on pas, en sa faveur, oublier quelques peintures moins chrétiennes rencontrées par ailleurs? Écoutez plutôt ce qu'en disait la critique : « Heureux le cœur qui a conçu cette admirable épopée, et le pinceau qui, à chaque heure du jour, pendant vingt ans, a prié sur cette muraille[1]! » — « On n'admirait pas seulement cette œuvre, on était touché. L'artiste apparaissait là moins que le chrétien, il avait prié en peignant : on priait en la contemplant[2]. » Tous étaient d'accord pour louer « le grand artiste, l'homme d'une haute vertu et d'un talent admirable, le type accompli du peintre

---

1. Roux-Lavergne, dans l'*Univers*.
2. Eugène Loudun, l'*Union*, 5 juin 1853. Pour faire ressortir davantage encore le caractère chrétien de ces Litanies, il suffit de les comparer à celles que peignait en même temps, dans une des basiliques les plus vénérées du Midi, un artiste bien connu. En voici deux spécimens : *Mater purissima*, Mère très pure : la Vierge lave l'Enfant-Dieu avec une éponge. — *Mater amabilis*, Mère aimable : la Vierge met l'enfant Jésus à cheval sur un gros chien !

chrétien[1]. » Tous rendaient hommage à « ce talent, d'une délicatesse et d'une timidité virginales[2] ; » tous admiraient cette « hymne peinte qui ne s'interrompt jamais, et déroule ses versets sur les piédroits, les pendentifs, les pénétrations, et monte comme un rythme liturgique vers le trône de la Mère du Sauveur[3]. »

Lisons cette hymne à notre tour et redisons les litanies de la Sainte-Vierge, en les suivant des yeux sur la pierre deux fois sainte où Orsel les a priées.

Mater Salvatoris, Mère du Sauveur[4]. — Nous ne suivrons d'autre ordre que celui des litanies mêmes. La première invocation peinte par Orsel est celle qui salue Marie comme Mère du Sauveur. C'est du reste la principale, celle d'où découlent toutes les autres, car les grandeurs de

---

1. *Le Correspondant,* 25 mai 1851.
2. Théophile Gautier, *Moniteur universel,* 15 avril 1854.
3. *Ibid.*
4. Voir la gravure, p. 199. Ce sujet est emprunté à un livre de M. Aladel, *La Médaille miraculeuse* (Paris, Dumoulin). L'auteur de cet ouvrage a eu l'heureuse idée d'accompagner pas à pas son texte de la reproduction d'œuvres contemporaines en l'honneur de Marie. Les litanies d'Orsel ont fourni un bon nombre de ces sujets.

Marie ont toutes leur source dans sa maternité divine. Aussi le peintre a-t-il fait de cette invocation le titre de son œuvre, et lui a-t-il consacré le grand demi-cercle au-dessus de la porte de la sacristie. La Vierge est assise, tenant sur ses genoux l'Enfant-Dieu, tandis qu'à ses pieds des anges chantent sa gloire[1].

Virgo potens, Vierge puissante (piédroit à gauche de la chapelle). — Un triple sujet commente cette invocation. Au centre, nous voyons Marie assise au-dessus de la sphère terrestre, entourée du soleil et des astres, et semblant invoquer Dieu en faveur du monde[2]. Au-dessous, une grisaille représente les noces de Cana, où Marie obtint de Jésus son premier miracle. Au-dessus, le peintre a esquissé une scène de l'Apocalypse : Marie, debout et ayant la lune sous ses pieds, présente une croix à la bête de l'Apoca-

---

1. Cette peinture est malheureusement fendue dans toute sa hauteur par suite d'un tassement de l'édifice dont on retrouvera les traces dans tout le bas-côté gauche de l'église. Le percement d'un égout au-dessous de l'église n'est pas étranger, dit-on, à cet inconvénient.
2. Voir la planche, p. 207, extraite, comme la précédente, de *la Médaille miraculeuse,* par M. Aladel. Paris, Dumoulin.

lypse et force ainsi à reculer le monstre aux sept têtes.

Speculum justitiæ, Miroir de justice (au-dessus du sujet précédent.) — Un miroir, auquel est attaché le glaive de la justice, est surmonté d'une fontaine où un homme et une femme viennent se mirer; derrière cette fontaine est une statuette de la Justice, assise et voilée, tenant d'une main des balances et de l'autre un bouclier.

Sedes sapientiæ, Trône de la sagesse (piédroit à gauche de la sacristie et à droite de la chapelle.) — Le médaillon représente le trône de Salomon, tel qu'il est décrit dans la sainte Écriture : or Salomon avait reçu de Dieu une sagesse extraordinaire. Marie est le Trône où s'est reposée la Sagesse incréée.

Vas electionis, Vase d'élection (piédroit à droite de la sacristie). — Ce titre, emprunté à la Bible, a été choisi par Orsel pour résumer ces trois invocations : *Vas spirituale, Vas honorabile, Vas insigne devotionis.* — Du *Vase d'élection* sort l'enfant Jésus, tenant dans ses mains une croix et un calice. Tout autour, l'arbre de l'Éden autour duquel s'enroule un serpent, et

VIRGO POTENS

Vierge puissante. — Peinture de V. Orsel
à Notre-Dame de Lorette

l'arbre de Jessé sur lequel vient se reposer le Saint-Esprit : image de l'Incarnation réparant la chute originelle.

Rosa mystica, Rose mystérieuse (piédroit à gauche de la chapelle). — Au milieu du médaillon s'épanouit la rose mystique : au-dessus et au-dessous, deux rosiers : l'un est armé d'épines et entouré d'un serpent ; l'autre est sans épines, et entre ses branches se dresse la croix du salut.

Turris Davidica, Tour de David (piédroit séparant l'arcade des bas-côtés de l'arcade ouverte sur la nef). — Marie est comme la citadelle contre laquelle le démon a usé en vain toutes ses armes et consumé ses efforts. Aussi est-elle symbolisée par la tour de David.

Turris eburnea, Tour d'ivoire (piédroit à droite de la sacristie). — Au milieu des flots se dresse la tour d'ivoire, image de la pureté parfaite de Marie : ce symbole est encore précisé par un lis croissant au-dessus de la tour.

Domus aurea, Maison d'or (piédroit à gauche de la sacristie). — L'artiste a représenté le temple de Jérusalem, où habitait la majesté divine : Marie devait être, elle aussi, le temple de Dieu. Au-dessus, l'on aperçoit le voile du Saint des Saints qui se déchire et découvre une croix lumineuse : image de la substitution de la loi d'amour à la loi de crainte.

Fœderis arca, Arche d'alliance (au-dessus du sujet précédent). — L'objet le plus précieux de l'ancien temple était l'arche d'alliance. Elle est ici représentée avec les tables de la loi et la mesure de manne qui y étaient renfermées. — Au-dessus, l'Agneau pascal couché sur le livre des sept sceaux mentionné par l'Apocalypse.

Janua cœli, Porte du ciel (piédroit séparant l'arcade des bas-côtés de celle qui s'ouvre sur la nef). — Dans le médaillon l'on voit representée la porte du ciel ; au-dessus s'entrecroisent les anneaux d'une chaîne tenue par la main du Christ, et à laquelle sont retenus prisonniers Satan et la Mort : c'est le Christ qui nous a délivrés de l'enfer, et c'est Marie qui nous a donné le Christ.

Stella matutina, Etoile du matin (au-dessous du sujet précédent). — Une étoile indique sa route à un navire secoué par les flots. Au-dessus de cette scène, on voit le prophète Balaam, annonçant au roi Balac qu'une *étoile* sortira de Jacob.

Salus infirmorum, Ressource des infirmes (à droite de la sacristie). — Cette invocation et les trois suivantes font le sujet des quatre pendentifs au-dessus des piédroits. — Un malade est couché dans un lit, au pied duquel sa femme se tient agenouillée. La Vierge lui apparaît avec son divin Fils, et l'Enfant-Jésus étend la main sur le mourant pour lui rendre la santé : la Mort s'enfuit, et la Foi, *Fidentia*, assiste triomphante à cette scène.

Refugium peccatorum, Refuge des pécheurs (à gauche du sujet précédent). — Une jeune fille coupable se réfugie aux pieds de Marie, de même qu'un meurtrier auprès duquel on voit encore une bourse pleine et un poignard ensanglanté. Marie couvre de son manteau ces pécheurs repentants, et met en fuite les démons qui les possédaient : la Cupidité et le Libertinage, *Cupiditas* et *Luxuria*.

Consolatrix afflictorum, Consolatrice des affligés (en regard du sujet précédent). — Une jeune veuve est agenouillée devant le tombeau élevé par elle à son époux, *conjugi bene merenti*. Marie apparaît, portée sur les nuages et tendant à l'affligée un rameau d'olivier : la Paix arrive et le Deuil, *Luctus*, s'enfuit en se voilant la face.

Auxilium christianorum, Secours des chrétiens (à droite du sujet précédent). — La Vierge est assise, une croix dans la main droite, et foulant aux pieds le serpent infernal. Devant elle sont agenouillés des chrétiens qu'elle protège en faisant fuir le *Tumulte* et l'*Hérésie*.

Regina angelorum, Reine des anges. — A ce sujet est consacrée l'arcade entourant la porte de la sacristie. Elle représente huit des neuf chœurs des anges[1], dans l'ordre suivant (en commençant par la droite) : — *Les Anges:* un ange gardien conduit par la main un voyageur. — *Les Principautés:* un ange, portant un glaive dans la main droite, étend l'autre main sur une ville, comme pour la prendre sous sa protection. — *Les Vertus:* ce sont les anges qui président aux prodiges. — Viennent ensuite : *les Chéru-*

---

1. Des raisons de symétrie ont empêché Orsel de représenter le neuvième chœur, celui des Trônes.

bins, dépositaires de la science sacrée ; — *les Séraphins*, brûlant d'amour pour Dieu ; — *les Dominations*, chargées de donner des ordres aux autres anges ; — *les Puissances*, domptant et terrassant le démon ; — *les Archanges*, ayant entre autres fonctions celle de veiller sur les rois et les chefs des peuples.

Regina patriarcharum, Reine des patriarches. — Cette invocation est traitée dans la partie de la coupole qui surmonte l'arcade ouverte sur le bas-côté de l'église. — Trois patriarches, Noé, Abraham et Moïse, tendent les mains vers Marie, qu'ils entrevoient dans les nuages, tenant sur ses genoux le Messie attendu par eux. A gauche de cette composition se voient le chandelier à sept branches, les autels de la loi mosaïque, le bûcher d'Abraham : emblèmes de la Loi sous laquelle vivaient les patriarches. Plus bas sont représentés trois objets personnifiant les trois patriarches agenouillés aux pieds de Marie : la *pyramide* rappelle Moïse et son séjour en Égypte ; l'*arc-en-ciel*, Noé et le déluge ; le *couteau*, Abraham et le sacrifice d'Isaac.

Regina prophetarum, Reine des prophètes. — Cette invocation se lit au-dessus de la porte de la sacristie, tandis qu'à droite et à gauche sont représentés les quatre grands prophètes :

1° *Isaïe.* Il est assis, tenant d'une main le livre de ses prophéties, et montrant de l'autre la Vierge et l'Enfant Jésus. Il semble ainsi prononcer la célèbre prédiction, reproduite au-dessous de l'image du prophète : *Virgo concipiet,* « une Vierge enfantera. »

2° *Ezéchiel.* Il est représenté dans la vision des ossements desséchés : il a transmis à ces ossements les ordres de Dieu, et déjà les squelettes s'agitent et reviennent à la vie. Au-dessus, on lit cette inscription : *Ossa vivent,* « ces os revivront. »

3° *Daniel.* Le prophète est assis dans la fosse aux lions. Les fauves sont paisiblement couchés à ses pieds, et on a l'explication de cette scène en lisant la parole de Dieu à son serviteur : *audivi orationem,* « j'ai entendu ta prière. »

4° *Jérémie.* Assis sur un chapiteau renversé, le prophète pleure la ruine de Jérusalem et la captivité de son peuple. Ses *Lamentations* sont résumées en deux mots : *vidi lacrymas,* « j'ai vu des larmes ! »

Regina apostolorum, Reine des apôtres (arcade ouvrant sur la chapelle de la Sainte-Vierge). — Six apôtres sont représentés dans l'ordre suivant, en commençant par le pilastre de droite :

Saint *Pierre*, tenant d'une main l'Evangile et de l'autre les clés du royaume des cieux. On lit sur le manuscrit qu'il porte : *Et tibi dabo claves regni cœlorum*, « Je te donnerai les clefs du royaume des cieux. » — Saint *André*, appuyé sur la croix, instrument de son supplice. — Saint *Mathieu*, debout et écrivant son Evangile. — Saint *Jean*, portant le manuscrit des livres écrits par lui sous l'inspiration divine. — Saint *Jacques*, représenté un bâton à la main, en souvenir de ses nombreuses courses apostoliques. — Enfin saint *Paul* : L'apôtre des Gentils tient une épée de la main gauche ; autour de son poignet droit est enroulé un serpent que l'apôtre va faire tomber dans un brasier allumé à ses pieds : souvenir d'un incident de la vie de saint Paul rapporté dans les Actes des apôtres.

Regina martyrum, Reine des martyrs (dans la coupole, au-dessus de la sacristie). — La Vierge, assise, tient sur ses genoux la couronne d'épines, rappelant ainsi le martyre qu'elle a souffert elle-même en assistant au supplice de son divin Fils. Devant elle sont agenouillés quatre martyrs : S. Etienne, le premier de tous ;

S. Laurent ; S. Sébastien, les mains liées derrière le dos, et S. Cyprien. A gauche de cette composition l'on voit, au-dessous du monogramme du Christ entouré de palmes et de lauriers, symbole du martyre, les instruments qui ont servi au supplice des saints représentés aux pieds de la Vierge : les pierres de la lapidation de S. Etienne, le gril de S. Laurent et les flèches de S. Sébastien.

Regina confessorum, Reine des confesseurs (arcade ouverte sur la nef). — La liturgie appelle *confesseurs* les saints qui ont rendu témoignage à Jésus-Christ par leur vie, sans toutefois subir la mort pour la défense de leur foi. L'artiste a pris cette appellation dans un sens plus général, et a rangé parmi les confesseurs les saints qui ont donné leur vie pour la religion. Aussi voyons-nous plusieurs martyrs parmi les saints qu'il a représentés et dont voici la liste : — Saint *Eugène,* debout devant son siège épiscopal et portant d'une main le triangle symbolique de la Sainte-Trinité, tandis que l'autre montre ces paroles du Credo : *Genitum non factum, consubstantialem Patri,* « Le Fils est engendré, non créé, et il est consubstantiel au Père. » — Saint *Cyrille,* évêque de Jérusalem ; derrière lui s'élèvent les flammes miraculeuses destinées à détruire le temple, dont les Juifs avaient tenté la reconstruction. — Saint *Eléazar* refusant, au péril de sa vie, de manger des viandes consacrées aux idoles. — La sainte *Mère des Machabées :* à ses pieds sont jetées les têtes ensanglantées de ses sept fils, morts pour Dieu, et qu'elle va suivre dans leur martyre. — Saint *Maxime,* évêque de Riez en Provence ; à ses pieds est le manuscrit de ses sermons, parvenus jusqu'à nous. — Le Bienheureux *Romer :* le saint moine a les mains étendues au-dessus d'un brasier ardent, supportant courageusement cette terrible souffrance plutôt que de renier Jésus-Christ.

Regina virginum, Reine des vierges (dans la coupole, au-dessus de l'arcade précédente). — Marie, assise et portant les insignes de la royauté, s'apprête à couronner trois vierges agenouillées à ses pieds : sainte *Catherine,* tenant l'anneau que Jésus lui avait passé au doigt en signe de fiançailles ; sainte *Geneviève,* portant sa houlette de bergère, et ayant devant elle un agneau couché ; enfin sainte *Agnès,* la jeune vierge martyre. — A gauche de cette composition s'entrelacent des branches de lis surmontées de colombes, double emblème de la virginité.

Regina sanctorum [omnium], Reine de tous les saints (arcade ouverte sur le bas-côté). — Les personnages représentés dans cette nouvelle série sont les suivants : — Saint *Grégoire,* pape : le saint docteur écrit son livre sur le ministère pastoral, *de Cura pastorali,* sous la surveillance de l'Esprit-Saint, représenté près de lui sous la forme d'une colombe. — Saint *Ambroise,* en costume épiscopal, et tenant en main son livre *de Virginibus.* — Saint *Joseph,* appuyé sur une scie de charpentier. — Saint *Paul,* ermite, recevant d'un corbeau sa nourriture quotidienne. — Saint *Louis,* roi de France, tenant la couronne d'épines, qu'il fit venir à Paris et pour laquelle il construisit la Sainte-Chapelle. — Saint *Victor,* foulant aux pieds un autel de Jupiter, *Jovi sacrum.* Saint Victor était le patron d'Orsel, et Périn, qui a terminé cette peinture, a représenté le saint martyr sous les traits de son ami.

Regina cœli, Reine du Ciel (dans la coupole, au-dessus de la chapelle). — Cette invocation n'est pas inscrite dans les Litanies de la sainte Vierge, mais elle résume si bien les précédentes et elle est si populaire que l'artiste chrétien a voulu en faire comme le couronnement de son œuvre. — Marie est assise sur un trône porté par les nuages : elle a une couronne sur la tête, et ses mains tiennent un sceptre et une croix : à ses pieds sont les deux archanges Michel et Gabriel, celui-ci présentant un lis, celui-là remettant son épée au fourreau. A gauche de cette scène majestueuse sont représentés une couronne, une sphère céleste, un trône, emblèmes de la royauté de Marie, de même que les deux sceptres qui symbolisent sa puissance au ciel et sur la terre.

Les faces latérales des pilastres sont décorées de plantes, dont le symbolisme est expliqué par des inscriptions en l'honneur de Marie.

Sur l'arcade de la sacristie, des branches de lierre s'entrelacent autour de la croix : image de l'attachement de Marie pour son Fils. *Maria tanquam hedera crucem amplectitur* : « Marie, comme ce lierre, s'est attachée à la croix. »

A l'arcade suivante, ouvrant sur la nef, le lierre est remplacé par le baume, et l'inscription suivante nous explique ce symbole : *Vulneribus animi Maria fomentum*, « Marie panse les blessures de l'âme. »

Plus loin, des rameaux de cèdre sont l'image de la pureté de la Vierge : *Sicut cedri lignum Maria incorrupta*, « comme le bois du cèdre, Marie fut préservée de la corruption. »

Enfin, autour de l'arcade de la chapelle se développent des branches d'olivier, avec cette inscription : *Sicut oliva pacem, sic Maria [Christum[1]]*, « comme l'olivier apporte la paix, ainsi Marie nous a donné Jésus. »

Telle est cette œuvre, conçue et préparée tout entière par Orsel, exécutée par lui-même en très grande partie, et terminée par son ami et ses disciples, comme en fait mémoire une inscription due à Charles Lenormant, et peinte sur le piédroit à droite de la sacristie :

VICTOR ORSEL
PICTOR CHRISTIANUS
SOLERTI PENICILLO
VIRGINIS DEIPARÆ LAUDES
ADUMBRARE STUDEBAT
SED QUUM OPTIMUM ARTIFICEM
VIRIBUS EXHAUSTUM MORS PRÆVENISSET
AMICUS ET DISCIPULI
MAGISTRI LINEAS SEDULO INQUIRENTES
IMAS OPERIS INTERRUPTI PARTES
ABSOLVERUNT
1836-1854

1. Ce dernier mot manque, mais il faut évidemment le suppléer.

« Victor Orsel, peintre chrétien, avait entrepris de retracer avec son habile pinceau les gloires de la Vierge, mère de Dieu. Mais la mort interrompit l'éminent artiste à bout de forces. Son ami et ses élèves s'en tinrent scrupuleusement aux dessins du maître, et achevèrent les parties inférieures de l'œuvre interrompue. »

Et maintenant il nous faut, à regret, quitter cette chapelle « aussi suave aux yeux que féconde en pensées[1]. » Ce qui nous console, c'est que souvent ces peintures sont sous les yeux des fidèles, car le Saint-Sacrement est conservé habituellement dans le tabernacle de cette chapelle. Regardons souvent ces symboles, relisons ces inscriptions qui chantent les louanges de Marie, contemplons les portraits de ses fidèles serviteurs, et réjouissons-nous d'être, nous aussi, les sujets de la Reine du ciel.

1. L. Vitet, *Revue des deux mondes*, 1er décembre 1853.

ARTICLE IV

CHAPELLE DE LA MORT

« A Notre-Dame de Lorette, M. Blondel fait pendant à Roger, c'est-à-dire qu'un praticien vulgaire, qui de sa vie n'a conçu une composition religieuse, qui ne connaît pas la forme du corps, bien qu'il l'enseigne officiellement, se trouve mis en regard d'un artiste nourri de fortes études, comme Orsel et comme M. Périn. » C'est en ces termes sévères que Gustave Planche appréciait l'œuvre de Blondel, c'est-à-dire la décoration de la chapelle de la Mort[1]. Et pourtant Blondel n'était pas le premier venu : élève du baron Regnault, il avait obtenu en 1803 le premier grand-prix de Rome, avait exposé depuis lors des œuvres très remarquées, et il

---

1. *Revue des deux mondes*, 1ᵉʳ janvier 1853.

venait d'entrer à l'Institut lorsqu'il fut chargé, en 1833, de décorer la chapelle de la Mort à Notre-Dame de Lorette. Il y apporta ses qualités ordinaires, correction du dessin et sagesse de l'ordonnance; mais il y apporta aussi ses défauts, l'indécision et la mollesse de la touche, la froideur du coloris ; mais par dessus tout, ce qui manque à son œuvre c'est le caractère religieux: lorsqu'on a vu les peintures si chrétiennes de Roger, de Périn et d'Orsel, comment ne pas gémir devant ce Christ, devant ce Père éternel, dont l'artiste n'a su faire qu'un homme et un vieillard? Quel beau sujet, pourtant, que celui de la mort et des fins dernières ! quelles ressources il offrait au génie! et quel dommage que cette chapelle n'ait pas été confiée, selon le projet primitif, à Paul Delaroche !

Quoi qu'il en soit, entrons dans l'examen de ces peintures. Nous avons, une fois pour toutes, fait nos réserves. Voyons du moins quels étaient les intentions, le plan du peintre, et quels développements il a donnés à son sujet.

Comme dans les autres chapelles de la vie chrétienne, le sujet principal occupe le demi-cercle au-dessus de la porte d'entrée : l'auteur a pris pour titre *la Résurrection*, qui suppose la

Mort et en répare l'œuvre fatale. *Ipse Dominus in tuba descendet de cœlo,* lisons-nous sur l'archivolte qui domine cette peinture, *et mortui qui in Christo sunt resurgent primi.* « Le Seigneur lui-même descendra du ciel au son de la trompette, et ceux qui sont morts dans le Seigneur se hâteront de ressusciter. » L'on voit, en effet, les anges sonner de la trompette et les morts sortir de leurs tombeaux. Au-dessous de cette scène, à droite et à gauche de la porte d'entrée, des têtes d'anges rappellent la grande part que prendront ces ministres de Dieu à la résurrection et au jugement général.

L'idée développée par le peintre peut se ramener à cette double proposition : « Jésus-Christ est mort et ressuscité. A son exemple, nous passerons par la mort pour arriver à la résurrection. »

I. Jésus-Christ est mort et ressuscité.— C'est le sujet traité dans la chapelle même de la Mort. L'hémicycle représente l'*Ensevelissement de Jésus-Christ,* porté au tombeau par trois hommes, en présence de sa Mère et des saintes femmes. A droite et à gauche, on voit les portraits de S. Pierre et de S. Paul, dont la présence ici ne s'explique guère que par la nécessité de remplir un vide.

La demi-coupole au-dessus de l'hémicycle représente la Résurrection de Jésus-Christ. Il est entouré d'anges à genoux, tenant les instruments de la Passion.

Et maintenant lisons l'inscription tracée sur l'archivolte qui surmonte la chapelle : *Qui mortem nostram moriendo destruxit, et vitam resurgendo reparavit ;* « en mourant Jésus a détruit notre mort, et en ressuscitant il a refait notre vie. » En regard de cette inscription s'en trouve une autre : *Deglutiens mortem, ut vitæ æternæ heredes efficiamur.* « Il a goûté la mort, pour nous rendre héritiers de la vie éternelle. » C'est cette vérité dont le développement va faire l'objet de nouveaux tableaux, consacrés à notre mort et à notre immortalité.

II. COMME JÉSUS-CHRIST, NOUS MOURRONS ET NOUS RESSUSCITERONS. Nous allons donc assister à la mort et à la vie éternelle.

§ I. *La Mort.* Les piédroits sont consacrés à ce sujet : comme pour faire ressortir l'universalité de cette loi, l'artiste a représenté la mort survenant dans quatre conditions bien différentes : la mort du soldat, de l'enfant, de la jeune fille et du saint.

1° *La Mort du soldat*. — Un jeune guerrier, dont le flanc est percé d'une large blessure, tombe en serrant le labarum dont il ne veut pas se séparer. Un ange le soutient dans sa chute, et se prépare à recueillir son âme. Ce sujet porte l'épigraphe suivante, extraite de la Préface des Défunts : *Tuis fidelibus, Domine, vitam utatur non tollitur, et dissoluta terrestris hujus habitationis domo, æterna in cœlis habitatio comparatur.* « A vos fidèles, Seigneur, la mort n'ôte pas la vie, elle ne fait que la modifier : à la place d'une habitation passagère ici-bas, c'est une demeure éternelle qu'ils acquièrent dans les cieux. »

2° *La Mort de l'enfant*. — Un enfant baptisé (il porte au cou une petite croix), vient de mourir. La mère presse dans ses bras le petit cadavre et lui baise la poitrine, tandis qu'un ange dépose sur sa tête une couronne de fleurs. L'inscription est tirée de l'Apocalypse : *Primitiæ Deo et Agno : sine macula enim sunt ante thronum Dei ;* « ce sont les prémices de Dieu et de l'Agneau : ils sont sans tache aucune devant le trône de la divinité. »

3° *La Mort de la jeune fille*. — Une jeune fille

mourante, étendue sur un lit, serre son crucifix de la main droite et lève vers le ciel des yeux presque éteints. A côté d'elle, un ange étend les mains au-dessus de la moribonde pour la bénir. L'inscription est tirée de la Préface des Défunts : *Nobis spem beatæ resurrectionis concessisti, ut dum naturam contristat certa moriendi conditio, fidem consoletur futuræ immortalitatis promissio*; « Seigneur, vous nous avez donné l'espérance de la résurrection bienheureuse : aussi, lorsque la certitude de mourir vient attrister la nature, la foi est consolée par les promesses de l'immortalité. »

4° *La Mort du saint.* — Un vieux moine va rendre le dernier soupir. Un crâne humain placé sur une table montre que pendant sa vie il a médité sur la mort, et la ferveur avec laquelle il presse son crucifix nous édifie sur ses dispositions présentes. A son chevet veille un ange, tenant en main un sablier qui achève de se vider: bientôt l'heure sonnera, et l'ange présentera l'âme au tribunal de Dieu.

L'inscription est tirée de l'Apocalypse : *Beati mortui qui in Domino moriuntur, amodo ut requiescant a laboribus suis, opera enim illorum sequuntur illos.* « Bienheureux les morts qui meurent dans le Seigneur ! Ils vont pouvoir se reposer de leurs peines, car leurs œuvres les accompagnent. »

Ainsi la mort frappe tout le monde, et dans tous les états de vie l'on peut bien mourir. Il nous reste à voir, après la mort, l'immortalité dont elle est le chemin. Comme l'artiste n'a peint que la bonne mort, de même il ne peindra que l'immortalité bienheureuse, hâtée pour les défunts par les prières des survivants : *sancta ergo,* dit l'inscription de l'archivolte qu'il nous restait à lire, *sancto ergo et salubris est cogitatio pro defunctis exorare, ut a peccatis solvantur.* « C'est une sainte et salutaire pensée de prier pour les morts, afin qu'ils soient délivrés de leurs péchés. »

§ II. *L'Immortalité*. Jusqu'ici nous n'avons vu que les scènes de la terre : levons les yeux vers les pendentifs de la coupole, et nous verrons des scènes du ciel.

La coupole représente, dans le paradis, *le Père éternel*, assis sur les nuages et bénissant la terre. En face de lui un autre compartiment de la coupole nous montre *Jésus-Christ*, assis comme son Père au sommet du ciel et comme lui bénissant le monde. Les autres parties de la coupole sont occupées par des anges, chantant sur des instruments de musique la gloire du Créateur et du Rédempteur.

Les pendentifs nous montrent l'humanité s'élevant de la terre au ciel.

1º Au-dessus de la Mort du Soldat, sont représentés *les Confesseurs montant au ciel*. Un ange guide vers le paradis un groupe de justes de toute condition : un soldat, une jeune femme, un esclave, d'autres personnages encore.

2º Au-dessus de la Mort de l'Enfant, *les Enfants montant au ciel*. Un groupe d'enfants accompagnés d'un ange est porté au ciel sur des nuages.

3º *Les Vierges montant au ciel*. La jeune fille dont la mort est représentée au-dessous de ce pendentif, est portée au cimetière par ses compagnes, vêtues de blanc. La seule pureté de cette scène nous dit que pendant ce temps l'âme innocente qui a quitté la terre prend possession du séjour des bienheureux.

4º *Les Saints montant au ciel*. Un groupe où l'on distingue un pauvre et un roi s'avance sous la conduite d'un ange, tenant une palme d'une main et de l'autre désignant le ciel.

Les quatre arcades de cette chapelle sont décorées d'une manière uniforme. Leur partie verticale est ornée de croix, qu'entourent des lampes mortuaires et des reliquaires. Leur partie cintrée contient trois médaillons de saints, excepté l'arcade qui surmonte la porte de l'église : dans celle-ci, le médaillon central présente le monogramme du Sauveur. Les onze saints représentés sur ces arcades sont, en commençant par celle où nous sommes et en continuant à droite : S. Germain, S. Grégoire, S. Mathieu, S. Denys, S. Antoine, S. André, S. Philippe, S. Athanase, S. Ambroise, S. Basile et S. Jean.

Il serait regrettable d'avoir à terminer par cette chapelle la visite de l'église. Avant de sortir, revenez sur vos pas pour jeter un dernier regard sur les peintures d'Orsel : vous vous sentirez le cœur doucement porté vers Marie, et vous ne voudrez pas quitter son sanctuaire avant d'avoir imploré une fois de plus, pour vous et les vôtres, les bénédictions de Notre-Dame de Lorette.

APPENDICE

I

MANDEMENT DE MONSEIGNEUR L'ARCHEVÊQUE DE PARIS

A L'OCCASION DE LA CONSÉCRATION
DE L'ÉGLISE PAROISSIALE DE NOTRE-DAME DE LORETTE[1]

Hyacinthe-Louis DE QUÉLEN, par la Miséricorde divine et la grâce du Saint-Siège Apostolique, Archevêque de Paris, etc.

Au Clergé et aux Fidèles de notre Diocèse, Salut et Bénédiction en Notre Seigneur Jésus-Christ.

Un nouveau Monument s'élève au sein de la Capitale, Nos très chers Frères, un Temple re-

---

1. Pour l'intelligence complète de ce Mandement, il est nécessaire de se rappeler que lorsqu'il fut écrit, l'Eglise n'avait pas encore fait un dogme de la croyance à l'immaculée conception de Marie.

marquable par son élégance et sa richesse s'ouvre à la piété presque impatiente des Fidèles d'une Paroisse resserrés jusqu'alors dans une étroite Chapelle. Les soins, les sacrifices n'ont point coûté aux Magistrats, aux Conseillers qui ont successivement veillé jusqu'à ce jour aux intérêts et à l'embellissement de la ville de Paris, afin de le rendre digne de sa destination, digne de la Majesté Suprême qui veut y habiter, digne de l'auguste et puissante Patronne de la France, en l'honneur de laquelle il fut érigé. Les arts ont offert avec empressement à la Religion l'hommage et le magnifique tribut des talents ; la Religion vient de bénir et de consacrer les chefs-d'œuvre qu'elle a elle-même inspirés ; heureuse alliance : puisse-t-elle se resserrer de plus en plus ! Le Sanctuaire, orné par la main des hommes, a reçu de la main de Dieu, par notre ministère, l'Onction sacrée qui l'a sanctifié pour le culte du Seigneur, sous l'invocation de Marie honorée dans sa très pure Conception ; et la dédicace solennelle en a été faite en ce jour de l'Octave d'une Fête si chère aux fervents serviteurs de la Vierge immaculée.

Cet événement doit être sans doute, pour tous les Chrétiens, le sujet d'une grande joie ; mais l'Eglise de Paris surtout en doit témoigner sa vive allégresse et sa profonde reconnaissance, elle qui fit, dans tous les temps, une profession si ouverte d'honorer d'un culte particulier la Conception de celle que *le Seigneur a possédée dès le commencement de ses voies*[1], de celle qui, de toute éternité, avait été choisie pour porter dans ses chastes entrailles le *Rédempteur incomparable que nous a valu le péché d'Adam*[2]. Oui, c'est une des gloires de l'Eglise de Paris. Instruits par les Pères du Concile de Trente, appuyés sur les Décrets, Bulles et Constitutions des Souverains Pontifes[3], forts de la faveur accordée par le saint Siège Apostolique à leur pieuse croyance, ses Docteurs s'engageaient autrefois par un serment prêté sur les autels, à enseigner, à soutenir, à défendre le privilège glorieux de la nouvelle Ève, montrée à nos premiers parents, après leur chute, comme un rayon d'espérance, comme l'instrument de la miséricorde luttant contre la justice, comme la créature qui seule devait avoir la singulière prérogative d'écraser la tête du serpent, de triompher de la ruse infernale par la grâce anticipée de Jésus-Christ son Fils, unique et divin médiateur des hommes.

1. Prov. VIII. 22.
2. Hymne *Exultet*, Sabbato sancto.
3. Sixte IV, Pie V, Grégoire XV, Alexandre VII, Benoît XIII.

L'Église, nous le savons, n'a pas défini [1], n'a pas proposé aux Fidèles comme un dogme de la Foi Catholique, la croyance de l'immaculée conception de Marie et de son exemption de la tache originelle. Fils soumis et dévoué, nous chérissons jusqu'à son silence ; mais nous savons aussi qu'elle a laissé à ses enfants la liberté de satisfaire, à cet égard, ce que leur inspire un sentiment si légitime de respect pour le Verbe fait chair dans le sein toujours virginal de la Mère de Dieu ; bien plus, elle ne permet pas qu'ils soient contrariés publiquement dans l'usage de cette liberté ; elle sourit à leur vénération, à leur amour, à leur confiance pour Marie, lorsqu'ils l'invoquent sous le titre de sa Conception immaculée. Non seulement elle tolère, non seulement elle autorise, mais encore elle encourage par ses indulgences [2] les prières qui se font, les sociétés qui se forment pour propager une dévotion déjà si ancienne et si répandue, une pratique si raisonnable et si naturelle à ceux qui sont habitués à méditer le consolant mystère de l'Incarnation ; si douce au cœur de ceux qui, comme nous, ont expérimenté tant de fois la

---

1. Elle l'a défini depuis. Voir la note p. 231.
2. Rescrit du Pape Pie VI, 21 novembre 1793.

puissance et les bontés maternelles de Marie. Oh! que nous aimons, N. T. C. F., à vous faire entendre, en cette circonstance, la voix puissante de notre Bossuet, à nous associer à ses pensées, à entrer dans ses sentiments, à nous approprier ses paroles en l'honneur de celle que l'Église ne se lasse pas d'appeler *toute belle* et *pleine de grâces*: « L'opinion de l'immaculée
» conception, dit-il, a je ne sais quelle force qui
» persuade les âmes pieuses. Après les articles
» de Foi, je ne vois guère de choses plus assu-
» rées. C'est pourquoi je ne m'étonne pas que
» cette école des théologiens de Paris oblige
» tous ses enfants à défendre cette doctrine.
» Pour moi, je suis ravi de suivre aujourd'hui
» ses intentions. Après avoir été nourri de son
» lait, je me soumets volontiers à ses ordon-
» nances, d'autant plus que c'est aussi, ce me
» semble, la volonté de l'Église. Elle a un sen-
» timent fort honorable de la conception de
» Marie. Elle ne nous oblige pas de la croire
» *immaculée ;* mais elle nous fait entendre que
» cette créance lui est agréable. Il y a des choses
» qu'elle commande, où nous faisons connaître
» notre obéissance ; il y en a d'autres qu'elle
» insinue, où nous pouvons témoigner notre af-
» fection. Il est de notre piété, si nous sommes

» vrais enfants de l'Église, non seulement d'obéir
» aux Commandements, mais de fléchir aux
» moindres signes de la volonté d'une Mère si
» bonne et si sainte [1]. »

C'est un fait que nous sommes jaloux de constater, et nous désirons que la connaissance en parvienne jusqu'aux lieux les plus reculés du monde catholique ; dans notre Diocèse, cette dévotion a jeté avec le temps des racines de plus en plus profondes ; les malheurs sont encore venus l'affermir, l'accroître et l'étendre avec un merveilleux progrès ; les faveurs signalées, les grâces de gérison, de conservation et de salut paraissent se multiplier à mesure que l'on implore parmi nous la tendre *pitié* de *Marie conçue sans péché.*

Il nous a donc semblé, N. T. C. F., que c'était un devoir, comme c'est un bonheur pour nous, que de vous appeler tous aux pieds de cette très sainte et très immaculée Vierge, au jour de la Consécration du Temple enrichi de ses images, qui va désormais retentir de ses louanges mille fois répétées, qui se remplira de ses souvenirs, et qui deviendra comme un lieu de pèlerinage où notre *aimable*, notre *admirable* Mère se plaira

---

1. Sermon sur la Conception.

à verser par torrents toutes les bénédictions, toutes les grâces dont son divin Fils l'a établie la fidèle et généreuse dispensatrice : *Totum nos voluit habere per Mariam*[1].

A ces causes, et après en avoir conféré avec nos vénérables Frères les Chanoines et Chapitre de notre Métropole, nous avons ordonné et ordonnons ce qui suit :

1° A l'avenir, la Fête de la Conception de la très sainte Vierge Marie sera célébrée dans l'Eglise et la Paroisse de Notre-Dame de Lorette, du rit *annuel-mineur*, avec faculté de faire aussi le jour de l'Octave du rit *double-majeur*.

2° Le dimanche 18 de ce mois, à toutes les Messes on ajoutera les oraisons *Pro gratiis agendis*.

3° Le même jour, après la Messe paroissiale ou après la Messe de communauté, on chantera ou l'on récitera la Prose *Inviolata* avec les verset et oraison de la Fête de la Conception de la très sainte Vierge.

4° Nous exhortons les Fidèles à porter sur eux la médaille frappée depuis quelques années en l'honneur de la très sainte Vierge, et à répéter

---

1. S. Bernard.

souvent cette prière gravée au-dessus de l'image: *O Marie, conçue sans péché, priez pour nous qui avons recours à vous.*

Sera notre présent Mandement lu au prône des Messes paroissiales, publié et affiché partout où besoin sera.

Donné à Paris sous notre seing, notre sceau et le contre-seing du Secrétaire de notre Archevêché, le jour de la Consécration de la Dédicace de l'Eglise Paroissiale de Notre-Dame de Lorette, 15 décembre 1836.

† HYACINTHE, *Archevêque de Paris.*

Par Mandement,
MOLINIER, *Chan. Secrét.*

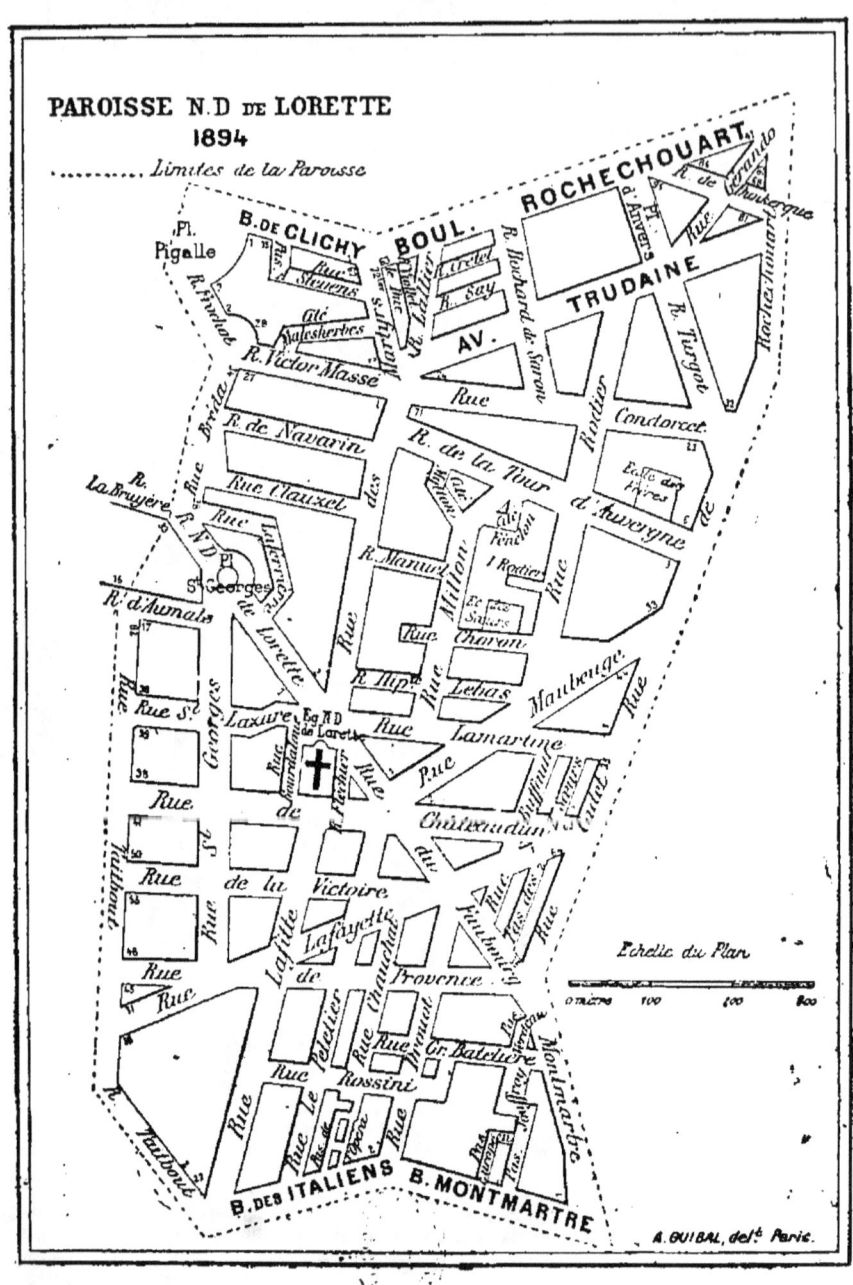

II

Circonscription de la paroisse.

	Noms des rues	Numéros	
Passage	Alfred Stévens	*entier*	
Rue	Alfred Stévens	*entière*	
Place d'	Anvers	*entière*	
Rue d'	Aumale	1 à 17	2 à 16
Galerie du	Baromètre	*entière*	
Rue	Bochard-de Saron	*entière*	
Rue	Bourdaloue	*entière*	
Rue	Bréda		*pairs*
Impasse	Briare	*entière*	
Rue	Buffault	*entière*	
Cité	Cadet	*entière*	
Rue	Cadet	*impairs*	
Rue de	Châteaudun	1 à 41	2 à 38
Rue	Chauchat	*entière*	
Rue	Choron	*entière*	
Rue	Clauzel	*entière*	
Boulevard de	Clichy	1 à 15	
Cité	Condorcet	*entière*	
Rue	Condorcet	23 à 65	32 à 74

Rue	Crétet	*entière*	
Passage des	Deux-Sœurs	*entier*	
Rue	Drouot	*entière*	
Rue de	Dunkerque	81 à fin	68 à fin
Passage	Européen	*entier*	
Rue du	Faubourg-Montmartre	*impairs*	36 à fin
Cité	Fénelon	*entière*	
Rue	Fléchier	*entière*	
Avenue	Frochot	*entière*	
Rue	Frochot		*pairs*
Rue	Gérando	*entière*	
Rue de la	Grange-Batelière	*entière*	
Rue	Hippolyte-Lebas	*entière*	
Galerie de l'	Horloge	*entière*	
Boulevard des	Italiens		2 à 22
Passage	Jouffroy	*entier*	
Rue	Lafayette	11 à 63	18 à 64
Rue	Laferrière	*entière*	
Rue	Laffitte	*entière*	
Rue	Lallier	*entière*	
Rue	Lamartine	*entière*	
Rue de	La Tour-d'Auvergne	3 à fin	6 à fin
Rue	Le Peletier	*entière*	
Cité	Malesherbes	*entière*	
Rue	Manuel	*entière*	
Rue des	Martyrs	1 à 67	2 à 72 *ter*
Rue de	Maubeuge	1 à 33	2 à 44
Cité	Milton	*entière*	
Rue	Milton	*entière*	
Boulevard	Montmartre		*pairs*
Rue de	Navarin	*entière*	
Rue	Notre-Dame-de-Lorette	1 à 31	2 à 38

Passages de	l'Opéra	*entiers*	
Place	Pigalle	1 à 7	
Rue de	Provence	1 à 45	2 à 48
Boulevard de	Rochechouart	21 à fin	
Rue de	Rochechouart	*impairs*	
Impasse	Rodier	*entière*	
Rue	Rodier	*entière*	
Rue	Rossini	*entière*	
Place	Saint-Georges	*entière*	
Rue	Saint-Georges	*entière*	
Rue	Saint-Lazare	1 à 39	2 à 38
Rue	Say	*entière*	
Rue	Taitbout		*pairs*
Rue de la	Tour-d'Auvergne	3 à fin	6 à fin
Avenue	Trudaine	*entière*	
Avenue	Turgot	*entière*	
Rue	Turgot	*entière*	
Passage	Verdeau	*entier*	
Rue de la	Victoire	1 à 55	2 à 50
Rue	Victor-Massé	1 à 27	2 à 28
Rue	Viollet-le-Duc	*entière*	

III

USAGES PAROISSIAUX

§ I. — Tous les Jours

La première Messe est dite à 6 heures; les autres se suivent de demi-heure en demi-heure, jusqu'à 10 heures, selon les exigences du service paroissial.

Les Messes sont ordinairement dites à l'autel de Saint-Joseph, qui jouit de la faveur de l'*autel privilégié*.

L'Angelus est sonné à 6 heures du matin, à midi et à 6 heures du soir, à l'issue de la prière.

La prière du soir est dite à 5 heures 3/4, excepté les jours où un office est célébré dans l'après-midi ou la soirée. Elle est suivie de la récitation d'une partie du chapelet et de la bénédiction du Saint-Sacrement.

Un prêtre est sans cesse à la disposition des malades. La sonnette de nuit pour les sacrements se trouve rue Fléchier, à la porte de la sacristie.

§ II. — Toutes les Semaines

Le Dimanche, à 6 heures, Messe au chœur, avec instruction.

A 7 heures, Messe au chœur.

A 7 heures 1/2, du 1er novembre au 1er juin, Messe à l'autel de Saint-Hyacinthe.

A 8 heures, Messe des Écoles, au chœur, avec chants et instruction.

A 8 heures 1/2, Messe à Saint-Hyacinthe.

A 8 heures 55, Aspersion, Grand'Messe et Prône.

A 9 heures 1/2, Messe à Saint-Hyacinthe.

A 10 heures 1/2, Messe, qui se dit généralement au chœur.

A 11 heures, Messe au chœur.

A midi, Messe au chœur.

A 1 heure, Messe au chœur ; pendant l'hiver, cette Messe est accompagnée d'une courte instruction.

A 2 heures 1/2, Vêpres et Salut, avec Sermon les jours de fêtes.

Après le Salut, réunion, dans la nef, des associés du Rosaire vivant, récitation du chapelet, et instruction lorsqu'il n'y a pas eu de sermon aux Vêpres.

Le Lundi, à 9 heures, Messe de l'Association de prières pour les défunts. — Cette Association fait aussi dire une Messe pour tout indigent décédé sur la paroisse.

Le Mercredi, à 9 heures, Messe de l'Association de la Bonne-Mort, avec instruction.

Le Jeudi, à 9 heures, Messe du Saint-Sacrement, précédée, en hiver, d'une méditation à 8 heures 1/2.

Le Salut du Saint-Sacrement est donné, en hiver, à 4 heures ; en été, aussitôt après la Messe de 9 heures.

Le Vendredi, à 7 heures 1/2 du matin, exercice du chemin de la croix.

Le Samedi, dans la journée et le soir, confessions.

§ III. — Tous les Mois.

Le premier Dimanche du mois, après les Vêpres, procession du Très-Saint-Sacrement, à laquelle prennent part les Confréries de la paroisse.

Le premier Lundi du mois, à 8 heures 1/2 du soir, Vêpres des morts, instruction et bénédiction.

Le premier Vendredi du mois, le Saint-Sacrement est exposé depuis 6 heures du matin jusqu'après la cérémonie du soir. — A 8 heures, Messe avec chants et instruction. — La dernière Messe est dite à 11 heures. — A 8 heures 1/2 du soir, réunion de la Confrérie du Sacré-Cœur, instruction et salut du Très-Saint-Sacrement.

IV. — Tous les Ans.

I. *Avent*. Tous les dimanches, sermon aux Vêpres.

Du 17 au 23 décembre, à 4 heures, salut des O de l'Avent.

Le jour de Noël, à minuit, messe de communion.

Le jour de Saint-Étienne, à 9 heures, grand'messe et salut.

Le 31 décembre, à 4 heures, salut de fin d'année.

Le 1er janvier, à 9 heures, grand'messe et salut.

II. *Carême*. Le *Mercredi des Cendres*, à 9 heures, bénédiction et imposition des Cendres, grand'messe et sermon.

Prédications : le dimanche aux vêpres, le lundi à 8 heures 1/2 du soir, le mardi à 9 heures du matin, le mercredi à 8 heures 1/2 du soir, le jeudi à 9 heures du matin, le vendredi à 4 heures. Le samedi est réservé aux confessions.

Retraites : du mercredi après la Passion jusqu'au mardi-saint, prédications à 9 heures du matin et à 8 heures 1/2 du soir. — Retraite pour les domestiques, du mercredi après la Passion jusqu'au dimanche des Rameaux, le matin à 6 heures. — Des retraites spéciales sont prêchées aux jeunes gens et aux jeunes filles des Catéchismes de Persévérance.

Semaine-Sainte. Le *Dimanche des Rameaux*, à 8 heures 1/2, bénédiction des rameaux, procession, grand'messe et chant de la Passion. Les autres messes et offices ont lieu comme les dimanches ordinaires.

Le *Lundi-Saint* et le *Mardi-Saint*, continuation de la retraite paroissiale.

Le *Mercredi-Saint*, confessions. A 3 heures 1/2, office des Ténèbres.

Le *Jeudi-Saint*, à 6 et à 8 heures, messes basses au chœur. — A 9 heures, grand'messe et procession au Reposoir, installé à la chapelle du Sacré-Cœur. — A 2 heures, réunion des enfants de la paroisse, récit de la Passion. — A 3 heures, cérémonie du Lavement des pieds, suivie du chant des Ténèbres. — A 8 heures du soir, sermon de la Passion et adoration de la Croix.

Le *Vendredi-Saint,* à 6 heures, méditation au Reposoir. — A 7 heures, chemin de croix. — A 9 heures, office et Messe des Présanctifiés. — A 1 heure, les sept Paroles de Notre-Seigneur en croix : sermon et chants religieux. — A 8 heures du soir, sermon de la Passion et adoration de la Croix.

Le *Samedi-Saint,* à 8 heures, office, bénédiction des fonts et grand'messe. — A 10 heures, bénédiction des petits enfants.— A 3 heures 1/2, Chant des Complies. — Confessions pour la fête de Pâques.

Le *saint jour de Pâques,* les messes et offices sont célébrés aux mêmes heures que les dimanches ordinaires.

III. *Mois de Marie.* Le 1er mai, à 8 heures 1/2 du soir, ouverture solennelle du mois de Marie. — Les exercices ont lieu tous les soirs à la même heure. — Tous les mardis, à 9 heures, Messe avec instruction. — Le 31 mai, à 8 heures 1/2 du soir, clôture solennelle.

IV. *Mois de Saint-Joseph.* Le 1er et le 31 mars, et tous les mercredis, vendredis et samedis du mois, messe avec instruction, à l'autel de Saint-Joseph.

V. *Catéchismes et Première Communion.* Les Catéchismes commencent vers le milieu d'octobre ; des affiches placées aux portes de l'église en indiquent les dates exactes.

Le *Catéchisme des petits enfants* a lieu le jeudi à 1 heure 1/2.

Le *Catéchisme de 1re année* pour la première Communion a lieu : pour les garçons, le mardi à 4 heures 1/4 ; pour les jeunes filles, le mercredi à la même heure.

Le *Catéchisme de 2e année* a lieu le jeudi : pour les garçons à 4 heures 1/4 ; pour les jeunes filles, à 2 heures 1/2.

Le *Catéchisme de semaine,* immédiatement préparatoire à la première Communion, commence dans le courant du mois de janvier : il a lieu, pour les garçons et les jeunes filles réunis, le lundi à 4 heures 1/4 et le jeudi à 2 heures 1/2.

La *première Communion* a ordinairement lieu le quatrième jeudi après Pâques, et la Confirmation le lendemain matin.

Les *Catéchismes de Persévérance* ont lieu : *pour les jeunes gens,* à l'Ecole des Frères, rue de la Tour d'Auvergne, 18, le dimanche matin à 8 heures ; — *pour les jeunes filles,* à la chapelle des Sœurs Auxiliatrices, rue de Maubeuge, 25, le dimanche matin à 10 heures 1/2. La sainte Messe est célébrée à chacun de ces **deux Catéchismes.**

§ V. — Œuvres Paroissiales.

Sont établis sur la paroisse :

La Confrérie du Sacré-Cœur ;
L'Association de la Garde d'honneur ;
La Confrérie du Cœur immaculé de Marie ;
L'Association du Rosaire vivant ;
L'Association de prières pour les défunts ;
L'Association de la Bonne-Mort, en l'honneur de saint Joseph ;
L'Association des Dames de charité ;
L'Œuvre de la Propagation de la Foi ;
L'Œuvre de Saint-François de Sales ;
L'Œuvre de la Sainte-Enfance ;
Une Bibliothèque des œuvres paroissiales ;
Un Patronage de jeunes garçons ;
L'Œuvre du Vestiaire des pauvres.

Un tableau placé dans l'église, sous le vestibule, indique les noms des prêtres chargés de la direction de ces œuvres.

Fin.

TABLE DES GRAVURES

Eglise Notre-Dame de Lorette (Paris)...............	2
Le Quartier au XVII° siècle.........................	13
Madone de Lorette (Italie).........................	23
Basilique de Lorette (Italie).......................	27
Chapelle Notre-Dame de Lorette, a Issy, détruite par la Commune, en 1871.........................	31
Médaille commémorative de la fondation de l'église, par Gayrard et Domard.........................	65
Vue prise dans le bas-côté de l'eglise (aquarelle de H. Le Bas, 1823)................................	73
L'abbé Sabattier, second vicaire à Notre-Dame de Lorette, mort le 27 mai 1871.....................	85
Ecole chrétienne des Frères (18, rue de la Tour-d'Auvergne)..	103
Projet d'Ecole des Soeurs et de Chapelle des Catéchismes (8, rue Choron).........................	109
Plan de l'Eglise Notre Dame de Lorette.............	115
Le Choeur de Notre-Dame de Lorette..............	137
Statue de saint Joseph.............................	149
La Piété, peinture de Périn à Notre-Dame de Lorette...	183
Le Pauvre secouru, peinture de Périn à Notre-Dame de Lorette....................................	191
Mère du Sauveur, peinture de V. Orsel à Notre-Dame de Lorette....................................	199
Virgo potens, *Vierge puissante*, peinture de V. Orsel à Notre-Dame de Lorette........................	207
Paroisse Notre-Dame de Lorette (1894).............	240

TABLE DES MATIÈRES

Dédicace.. 5

Première partie

HISTOIRE DE LA PAROISSE

CHAPITRE I.—Avant la Révolution : la Chapelle de secours.

I. — Origine du quartier... 9
II. — Fondation de la chapelle N.-D. de Lorette..... 18
III. — La Translation de la sainte maison de Lorette.. 22
IV. — La Confrérie de Notre-Dame de Lorette........ 34
V. — La Révolution ; destruction de la chapelle..... 50

CHAPITRE II. — Après la Révolution : la Paroisse.

I. — M. Marest, 1er curé, 1802-1820 53

Le Concordat. — Création de la paroisse. — Nomination de M. Marest. — La chapelle Saint-Jean. — Le prince Murat, président du conseil de fabrique. — Démarches pour l'agrandissement de l'église. — Difficultés diverses. — Démission de M. Marest.

II. — M. Leclair, 2e curé, 1820-1833.............. 60

    Notice sur M. Leclair. — La construction d'une nouvelle église est décidée. — Le concours. — Les concurrents. — Les juges. — Choix du projet de M. Le Bas. — Pose de la première pierre. — Causes des retards dans les travaux. — Agrandissement du quartier. — Mort de M. Leclair.

III. — M. de Rolleau, 3e curé, 1833-1881............ 77

    Notice sur M. de Rolleau. — Consécration de la nouvelle église. — Splendeur du culte. — Développement de la paroisse. — La guerre. — La Commune. — Fermeture et pillage de l'église. — Mort de M. l'abbé Sabattier. — Après la Commune. — Mort de M. de Rolleau.

IV. — M. Dumas, 4e curé, 1881-1885.............. 99

    Notice sur M. Dumas. — Erection d'un chemin de croix. — Confrérie de la Bonne-Mort. — Maladie et mort de M. Dumas.

V. — M. Caillebotte, 5e curé, 1885................ 102

    Notice sur M. Caillebotte. — Transformation du sanctuaire. — Restauration de trois autels. — Les écoles chrétiennes. — Projet de chapelle des catéchismes.

Seconde partie

DESCRIPTION DE L'ÉGLISE

Avant-propos.................................... 113

CHAPITRE I. — Style et caractère général de l'église....................................... 117

CHAPITRE II. — Visite de l'église.

I. — L'extérieur........................... 127
II. — L'intérieur : la nef et le chœur............... 130
III. — Les bas-côtés................................ 143

CHAPITRE III. — Visite de l'église (*suite*). — Les quatre Chapelles de la vie chrétienne.

Notions d'ensemble........................ 153
I. — Chapelle du Baptême..................... 157
II. — Chapelle de la Communion (*chapelle du Sacré-Cœur*)................................... 171
III. — Chapelle du Mariage, consacrée à la Sainte-Vierge. 198
IV. — Chapelle de la Mort..................... 222

APPENDICE

I. — Mandement de Monseigneur l'Archevêque de Paris, à l'occasion de la consécration de l'église paroissiale de Notre-Dame-de-Lorette 231
II. — Circonscription de la paroisse 241
III. — Usages paroissiaux.

§ I. Tous les jours........................... 244
§ II. Toutes les semaines....................... 245
§ III. Tous les mois........................... 246
§ IV. Tous les ans............................ 247
§ V. Œuvres paroissiales....................... 251

Table des gravures........................... 252
Table des matières........................... 253

Nantes. — Émile Grimaud, imprimeur breveté, place du Commerce, 4.

Librairie P. LETHIELLEUX, 10, rue Cassette, PARIS

L'ART CHRÉTIEN EN FRANCE

Sous le titre de l'*Art chrétien en France*, nous commençons une nouvelle collection *illustrée* dans laquelle entreront successivement, sous forme de monographies, les descriptions des principaux édifices religieux et des pèlerinages les plus célèbres que la foi du peuple français a élevés et développés sur le sol de notre chère patrie. La tâche que nous entreprenons est lourde, nous ne l'ignorons pas. Mais nous comptons beaucoup sur l'appui de tous ceux (et ils seront nombreux), qui auront à cœur de nous aider à mener à bonne fin cette œuvre patriotique.

L'*illustration*, confiée à plusieurs de nos meilleurs artistes, sera des plus soignées. Tous les plans seront exécutés par des architectes compétents.

Le *format* adopté, in-12º, permettra de conserver aisément dans les bibliothèques cette précieuse collection.

Pour paraître prochainement :

L'ABBAYE DU MONT SAINT-MICHEL
PAR G. DUBOUCHET

NOTRE-DAME DE LOURDES

www.ingramcontent.com/pod-product-compliance
Lightning Source LLC
Chambersburg PA
CBHW070630170426
43200CB00010B/1963